THIS WORKBOOK BELONGS TO :

Copyright © 2020

A B C D E F J
H I J K L M
N O P Q R S T
U V W X Y Z

a b c d e f g
h i j k l m
n o p q r s t
u v w x y z

A - a

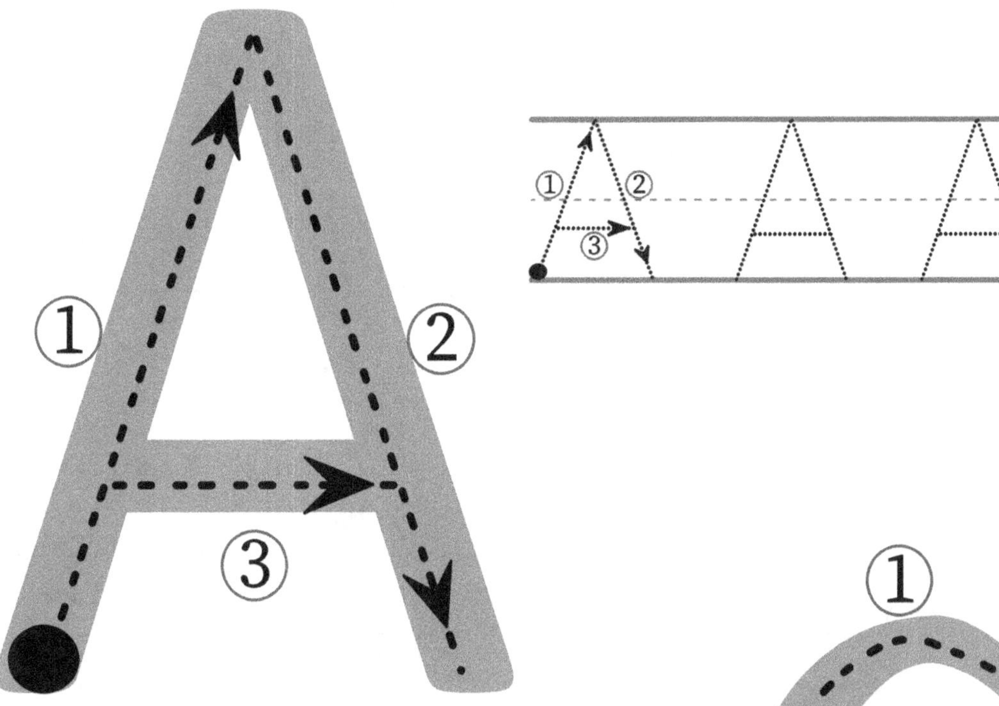

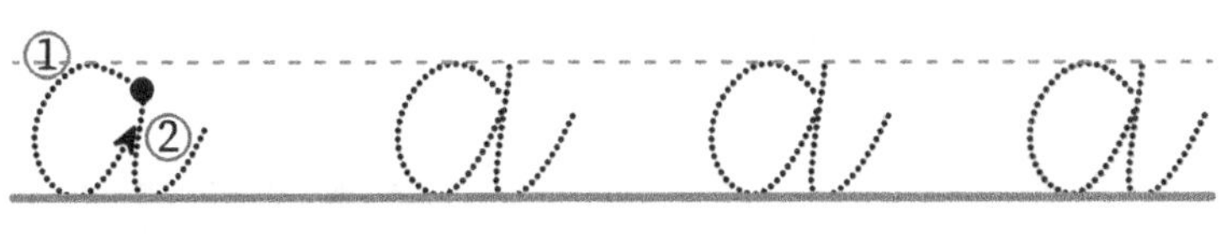

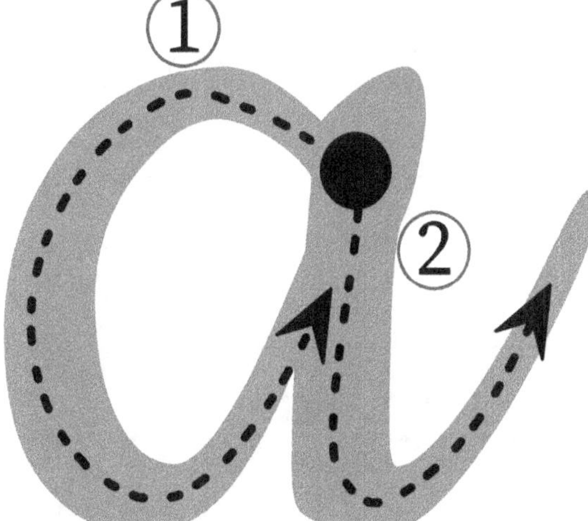

A

a

A

a

B-b

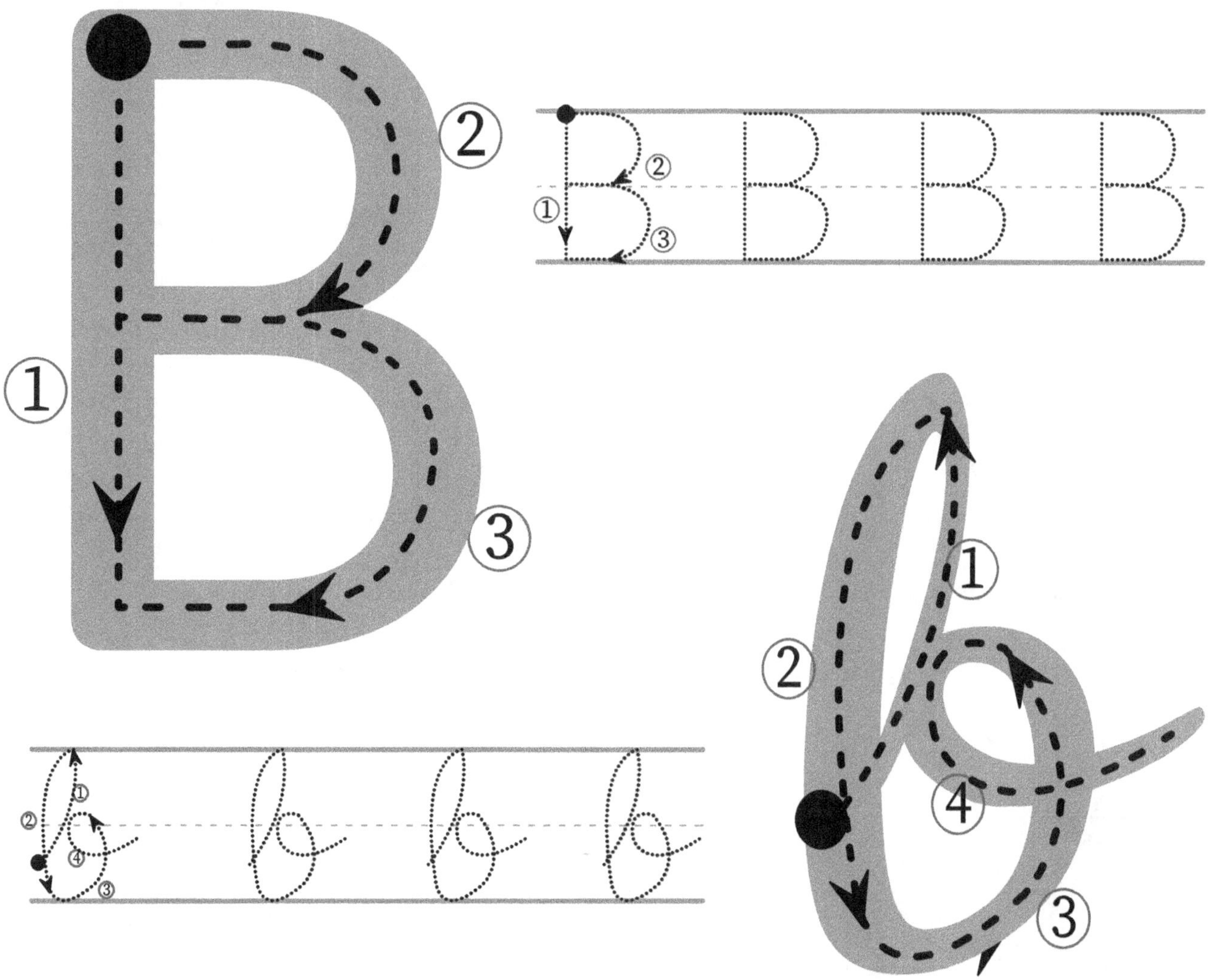

B

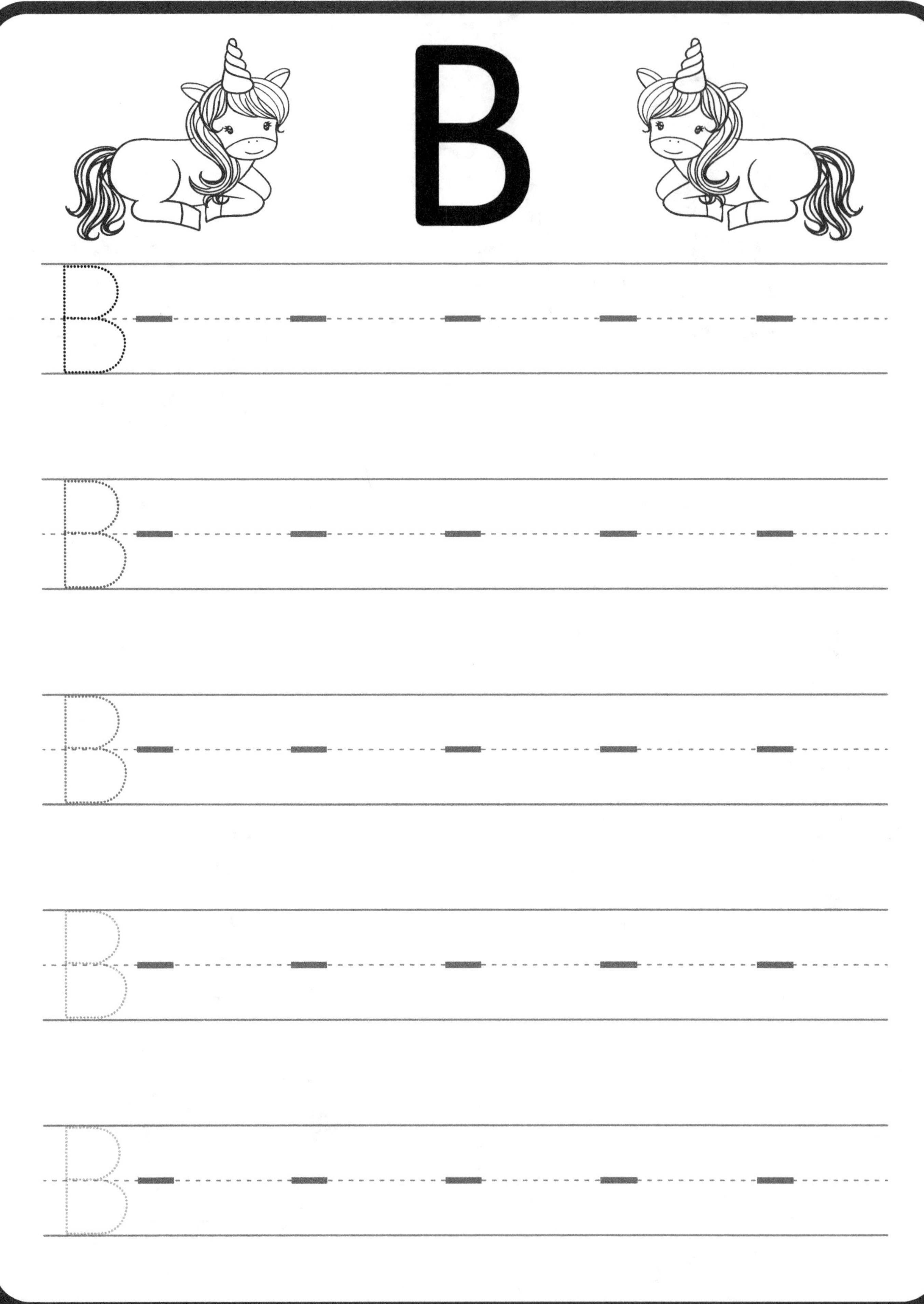

B

b

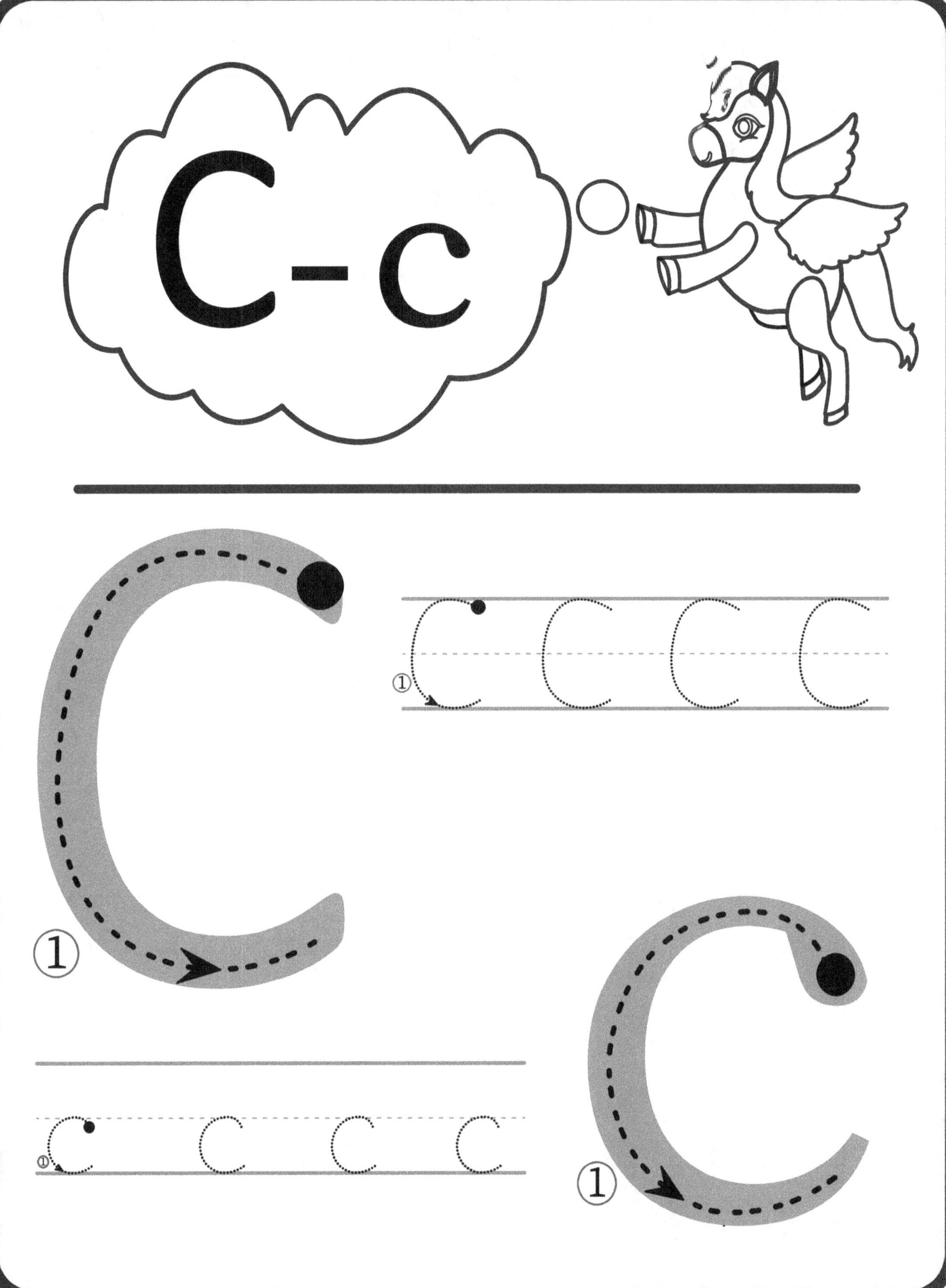

C-c
①
①
①

C

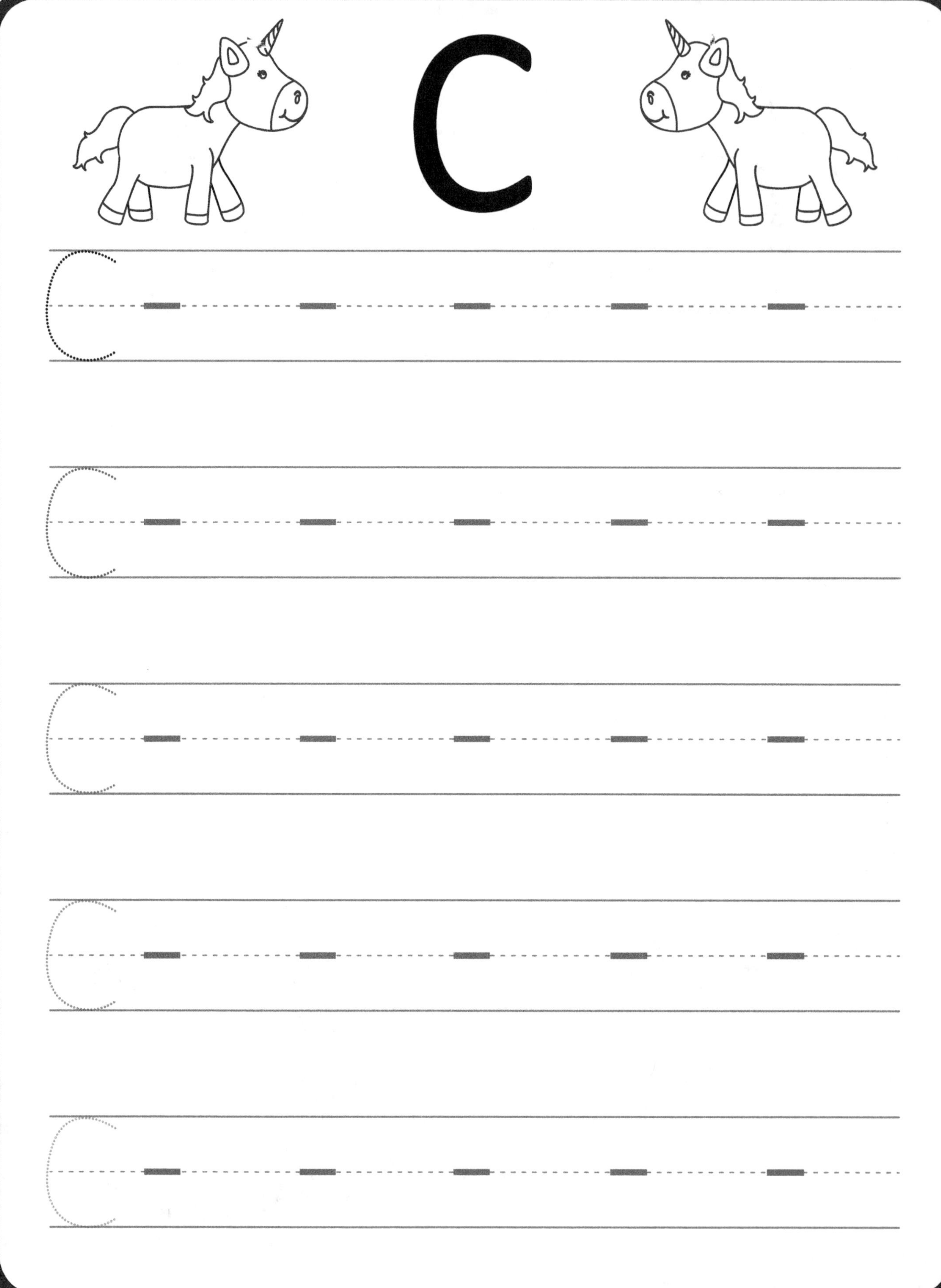

C

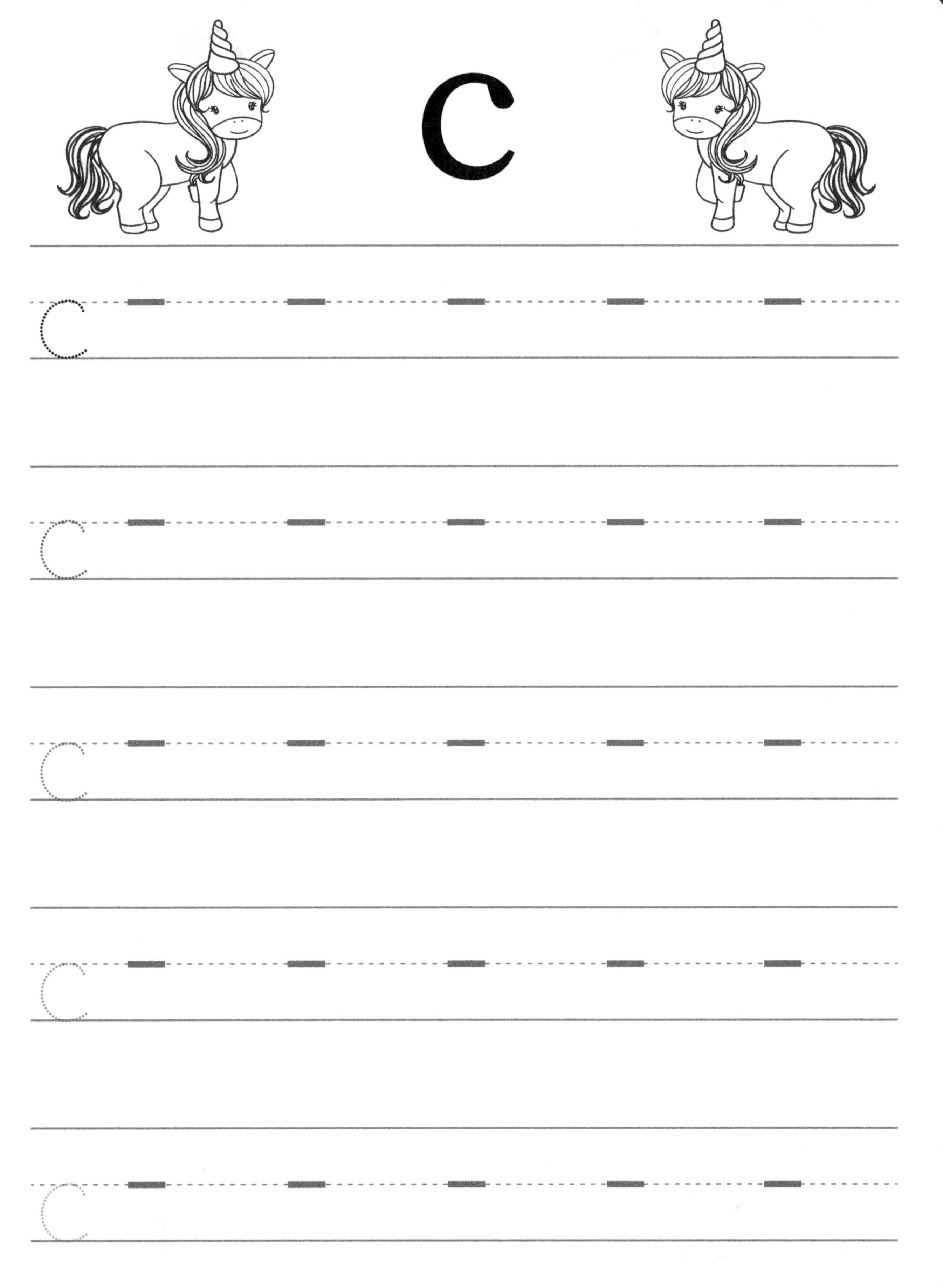

C

C

D-d

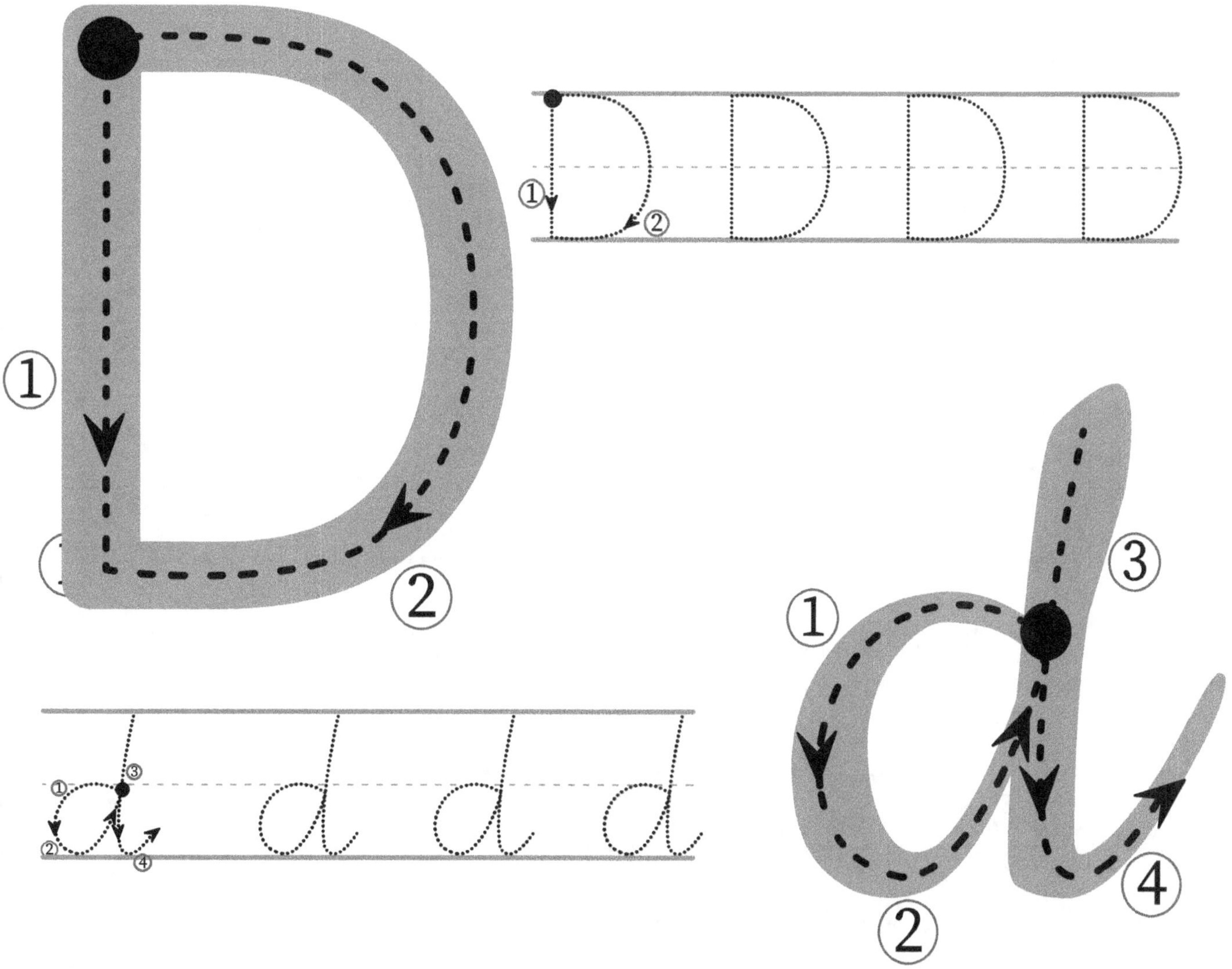

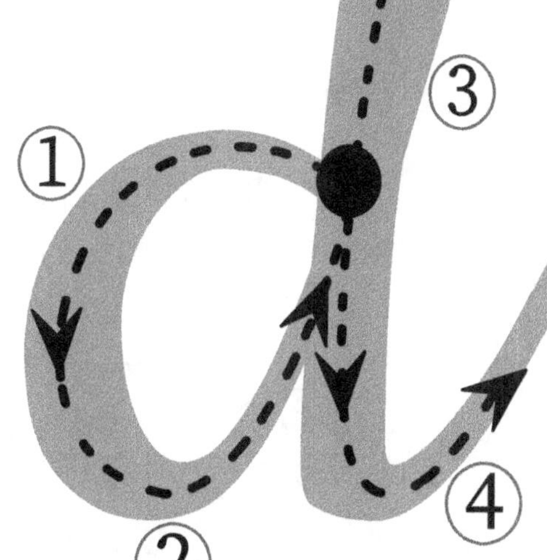

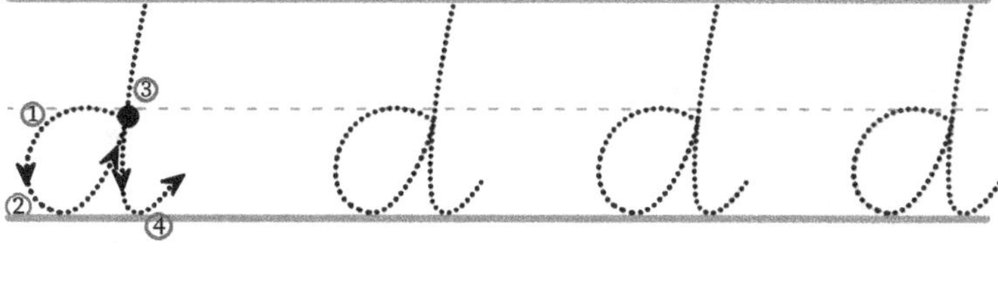

D

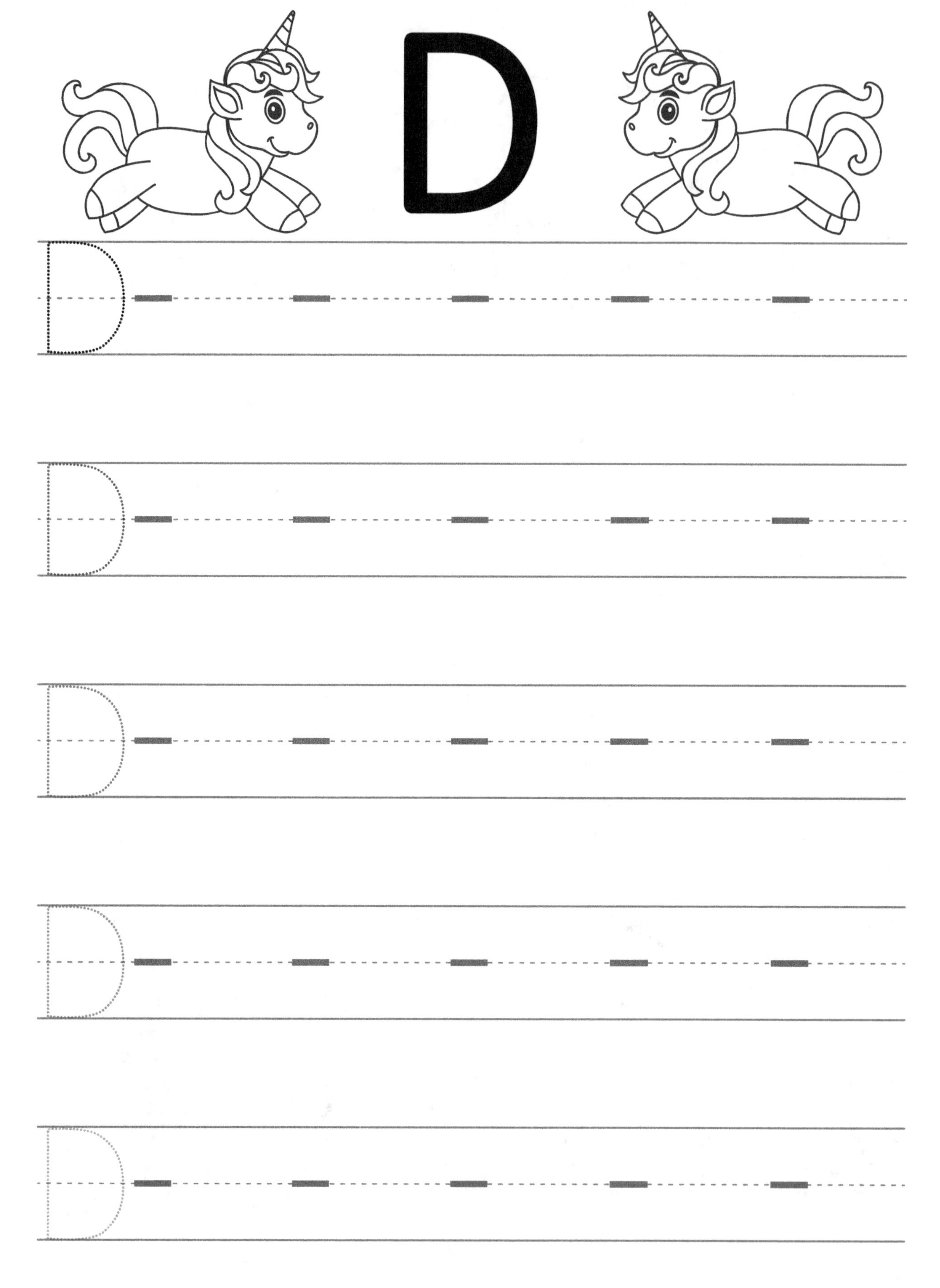

d

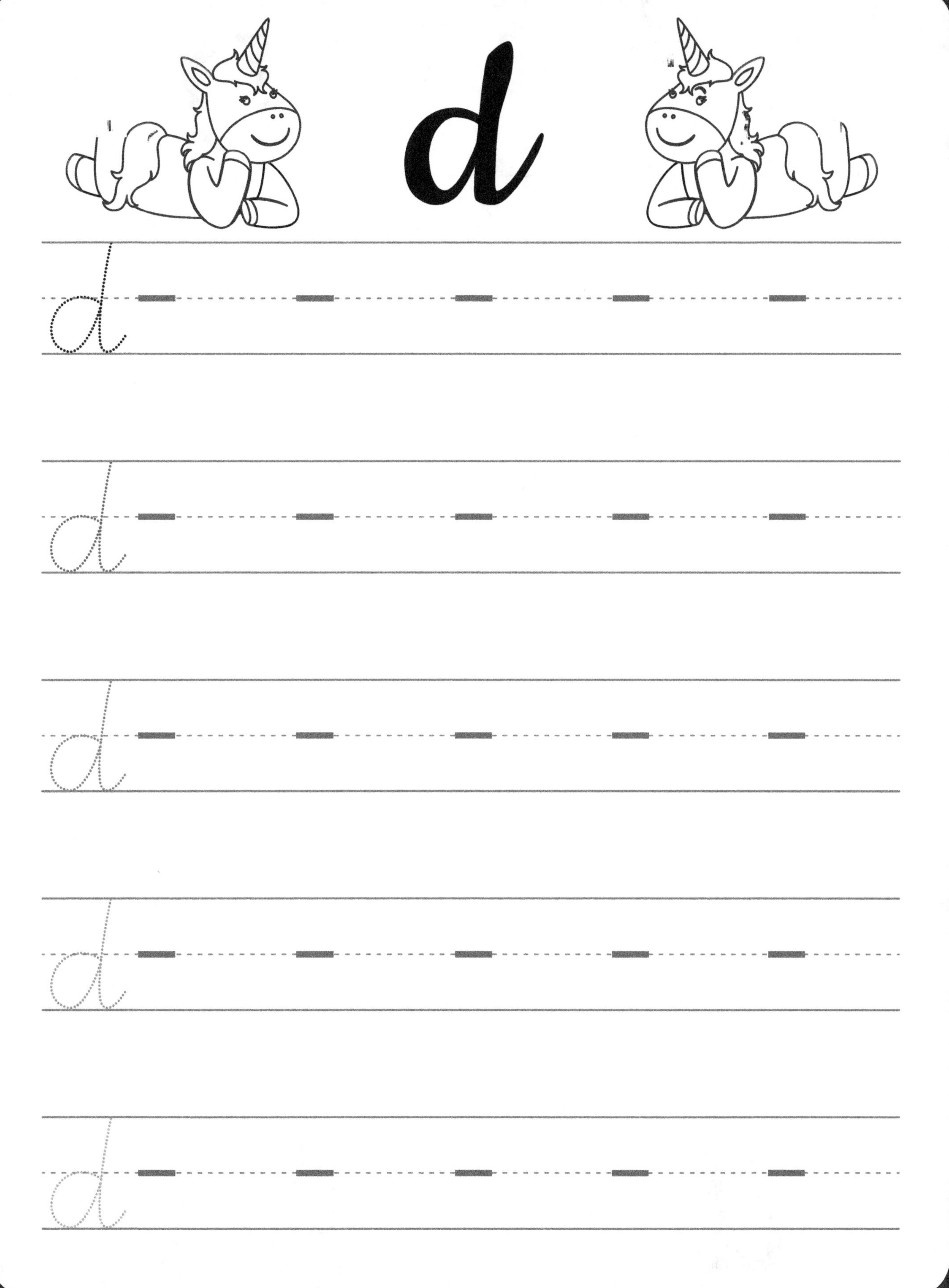

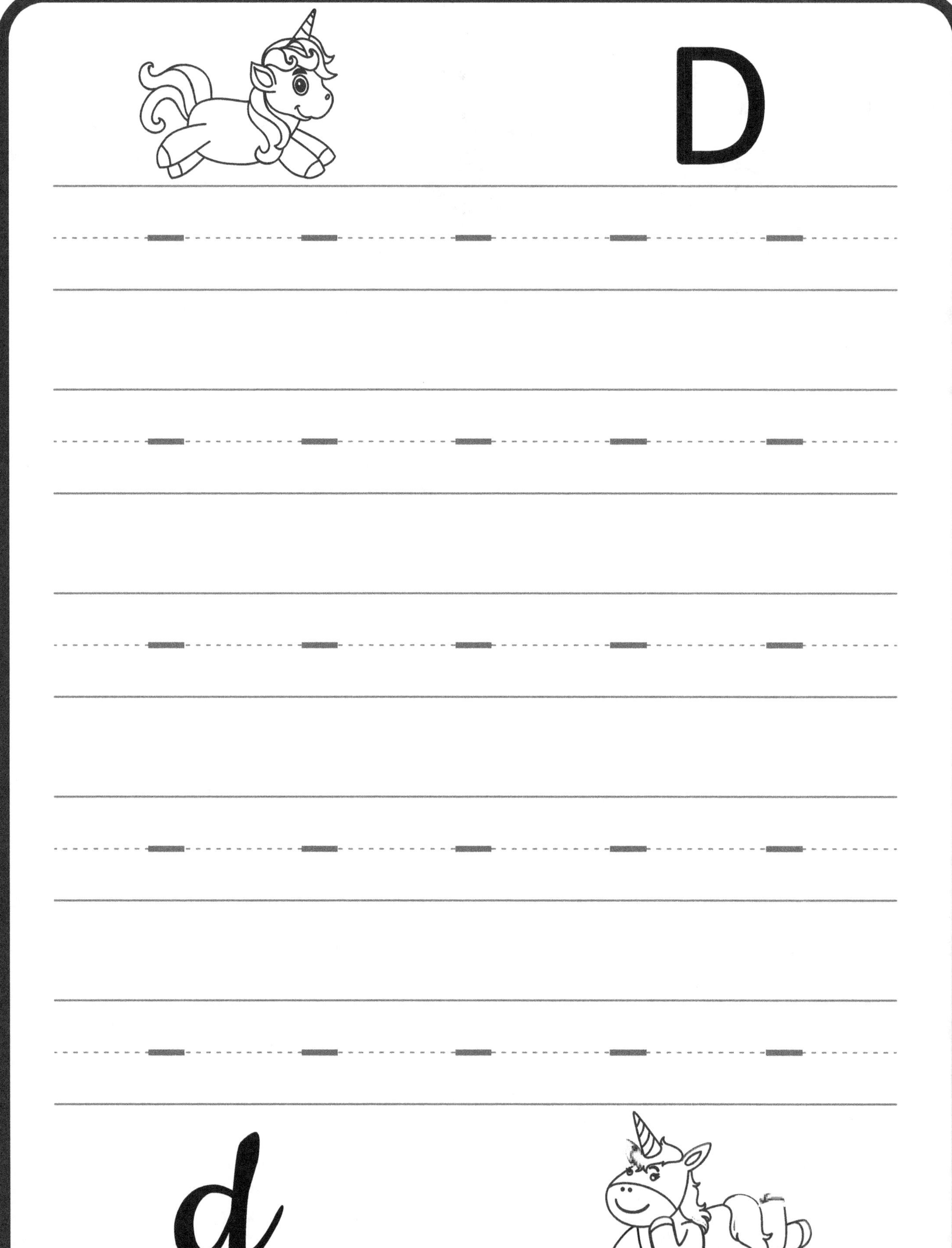

D

d

E - e

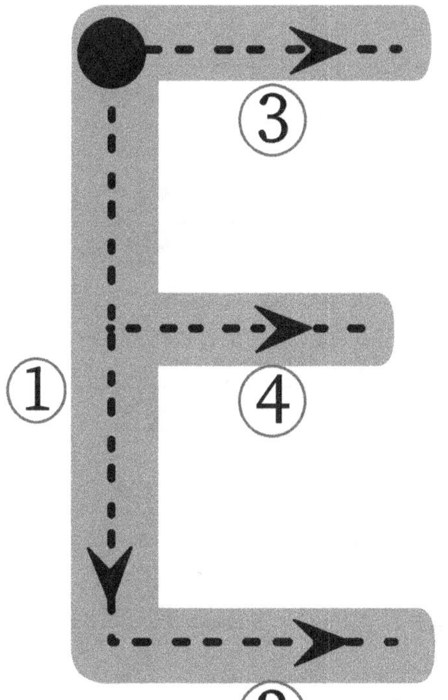

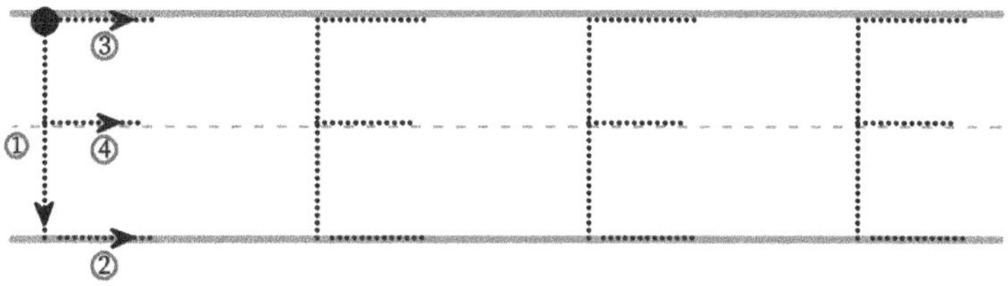

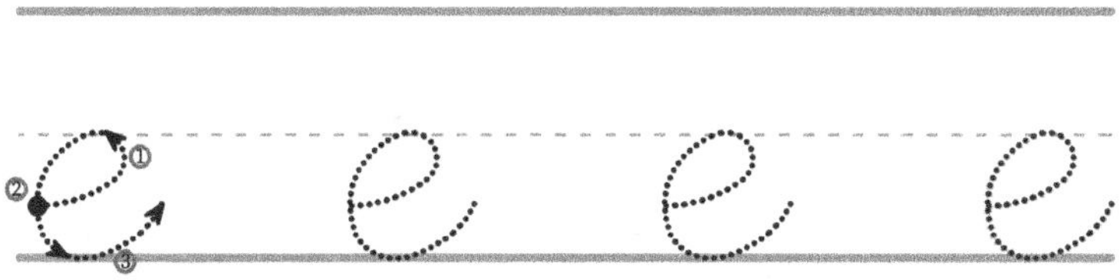

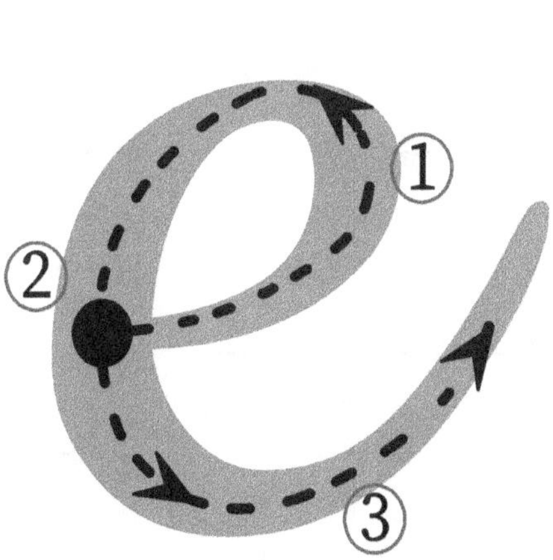

E

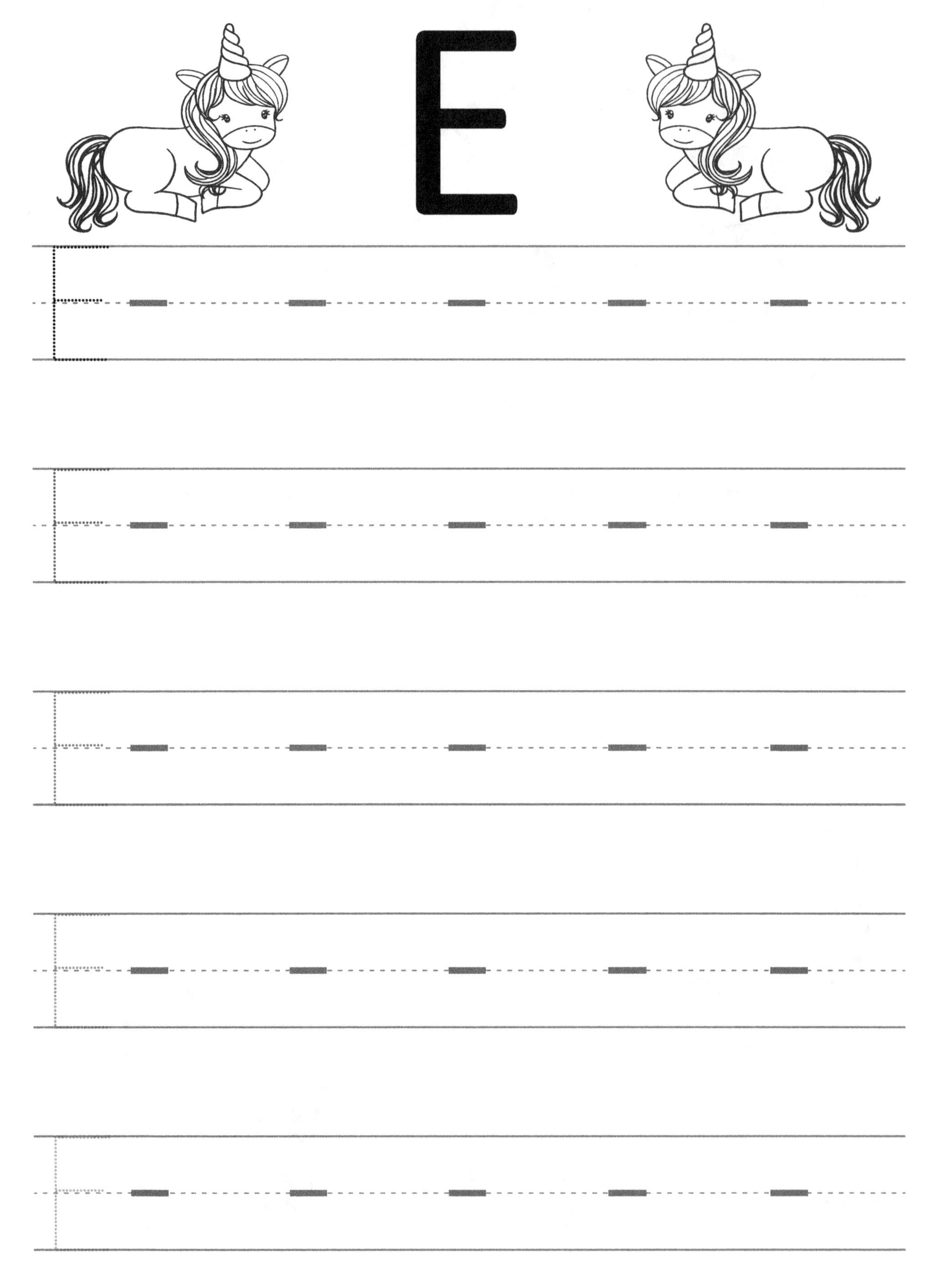

e

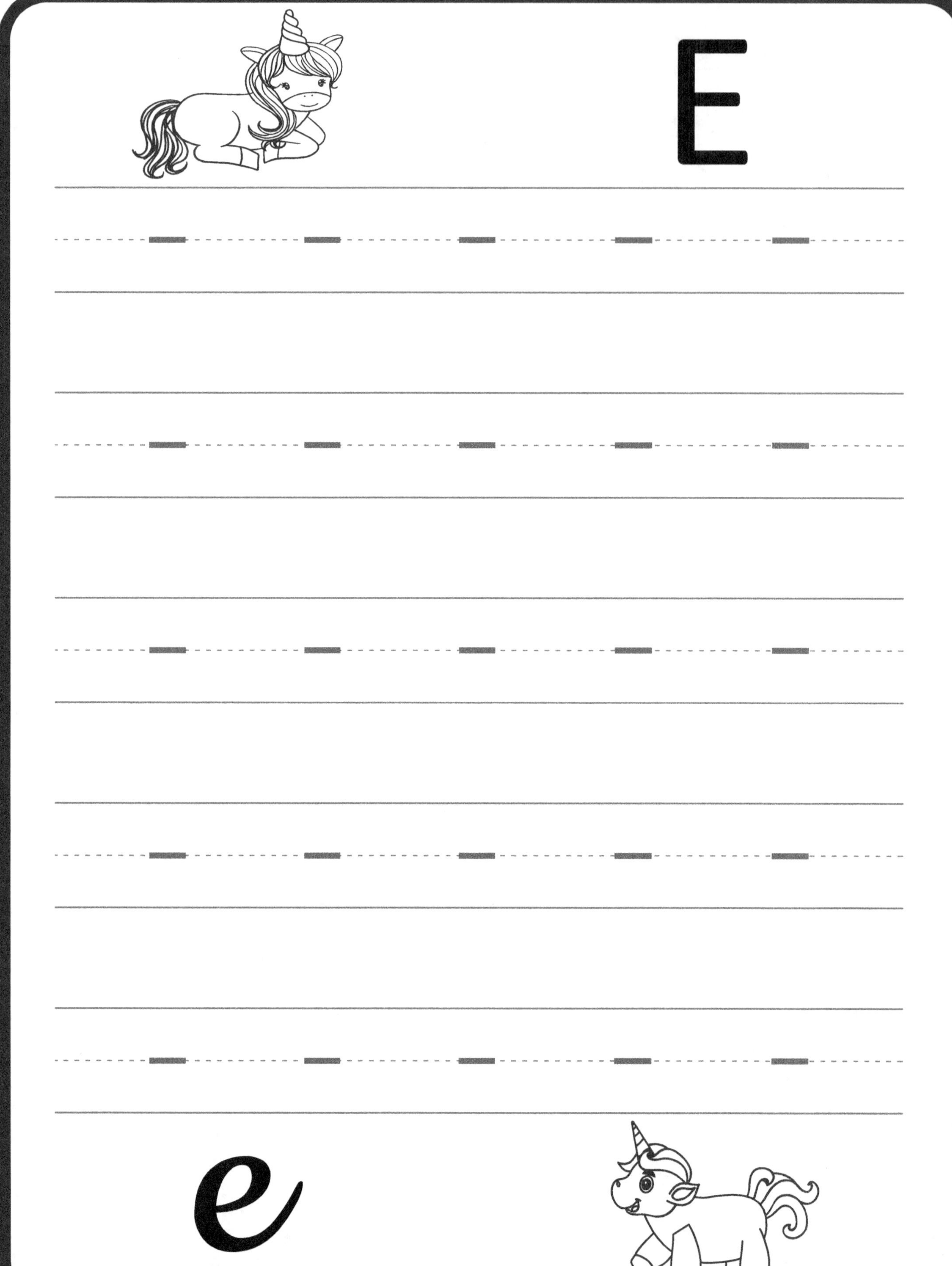

E

e

F - f

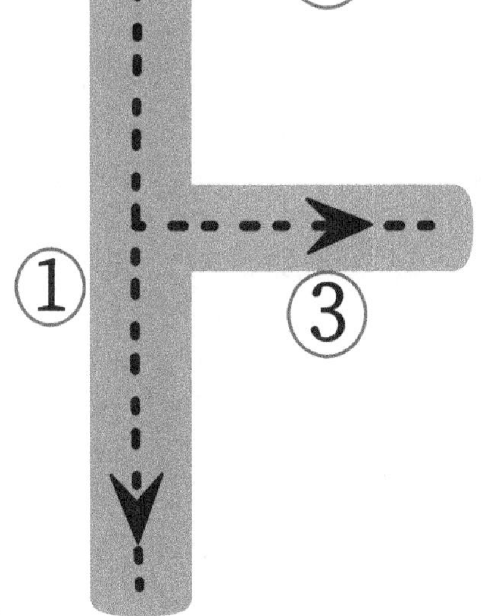

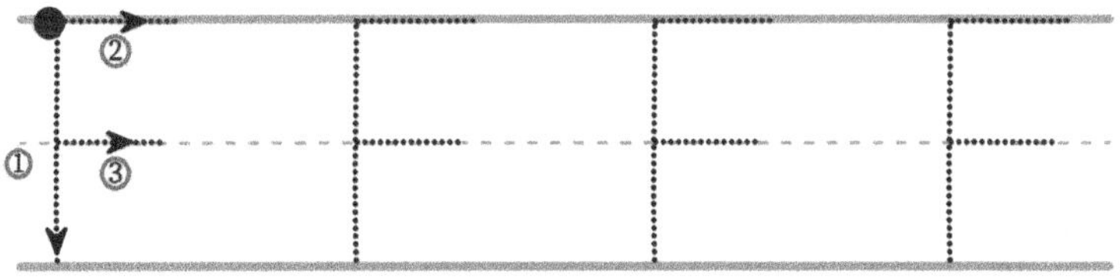

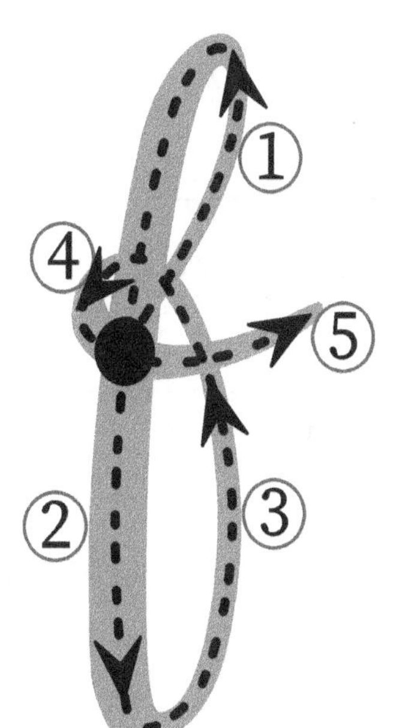

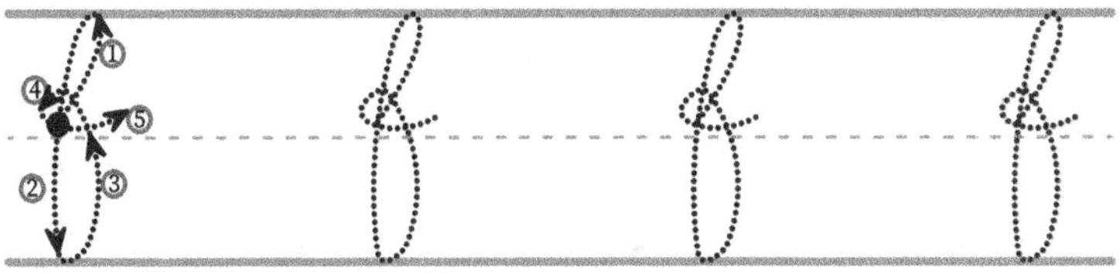

F

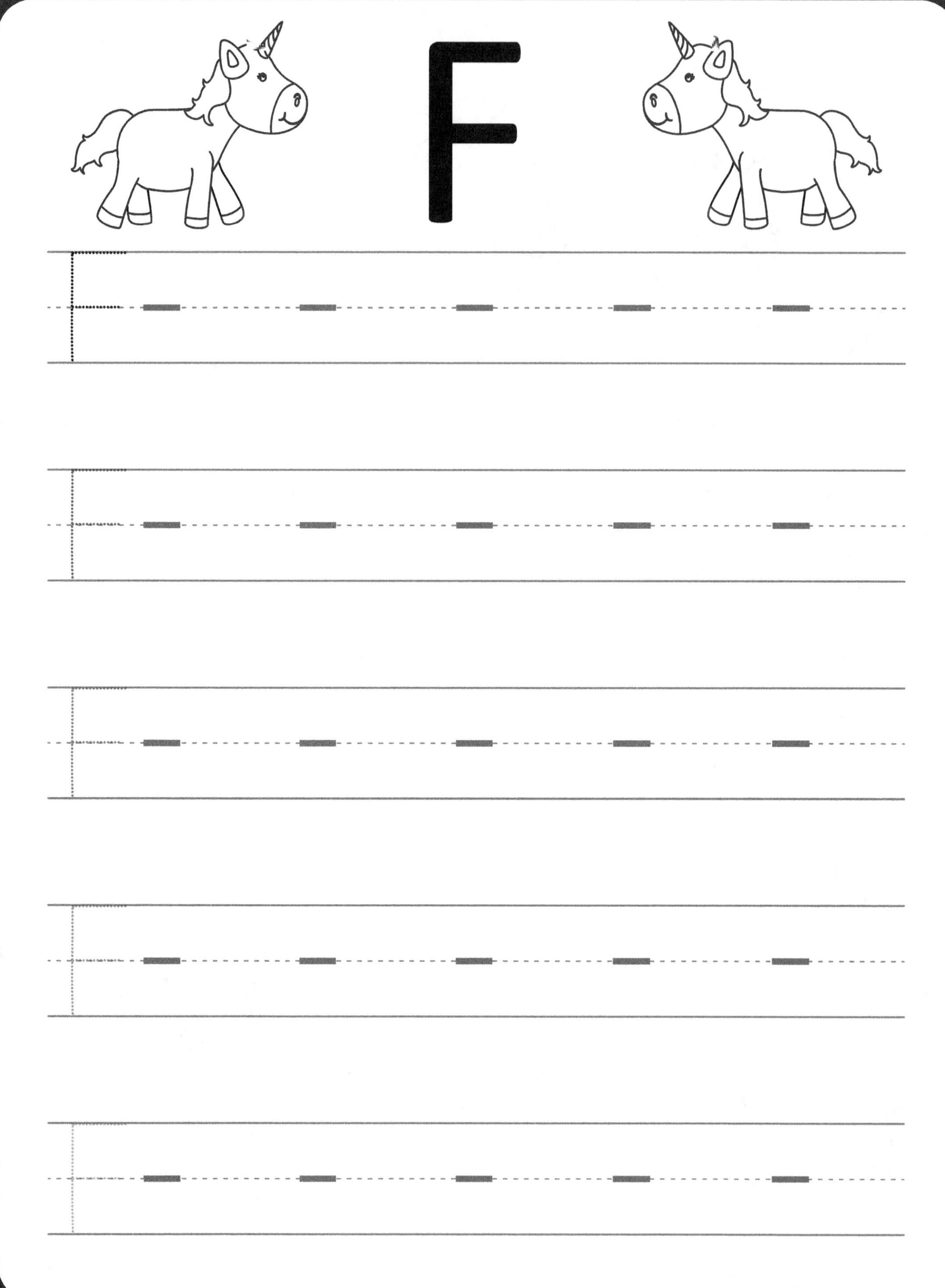

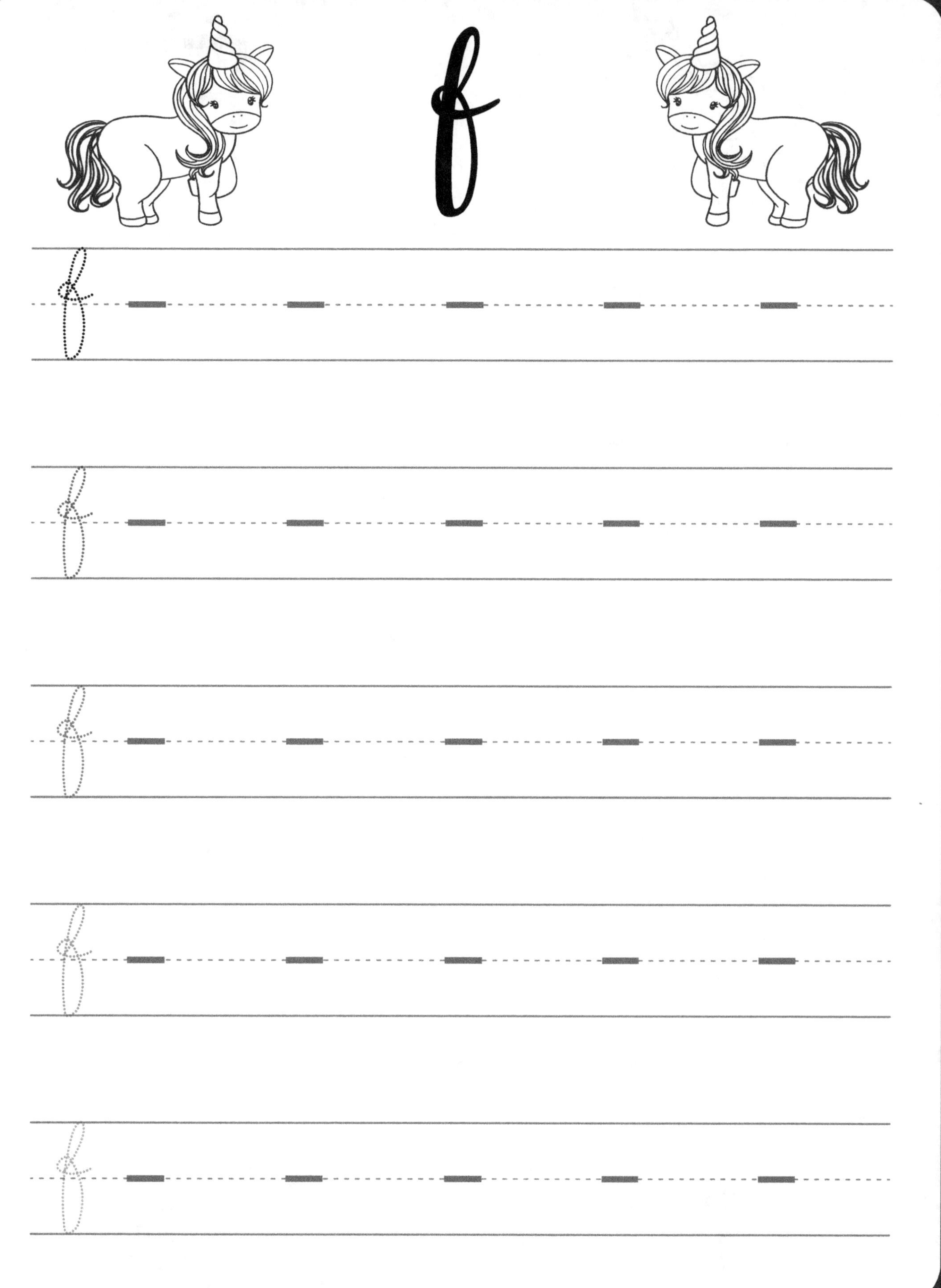

f

F

f

H-h

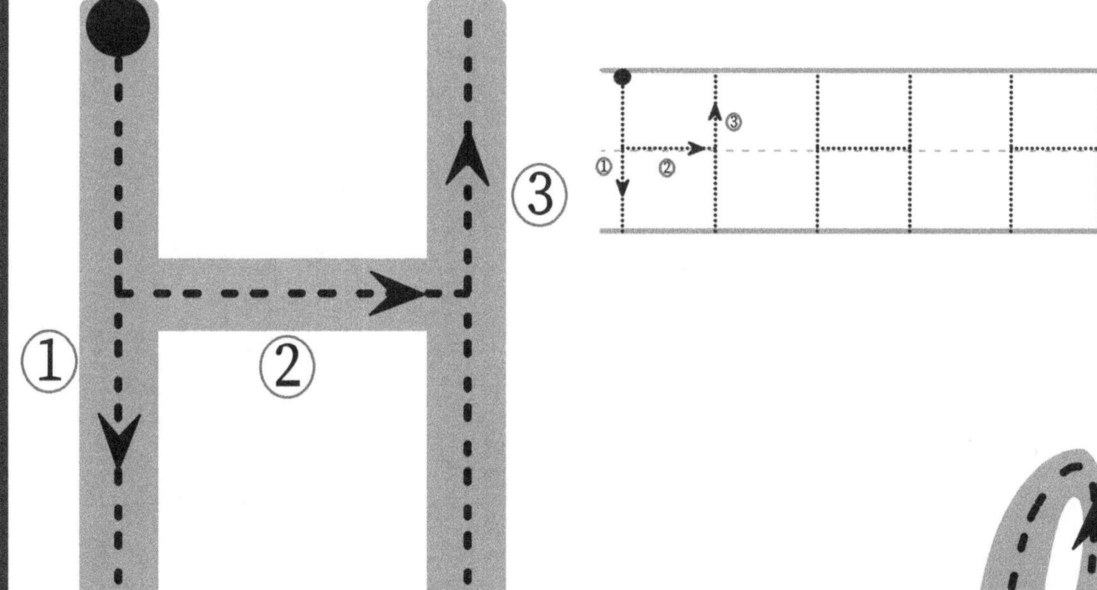

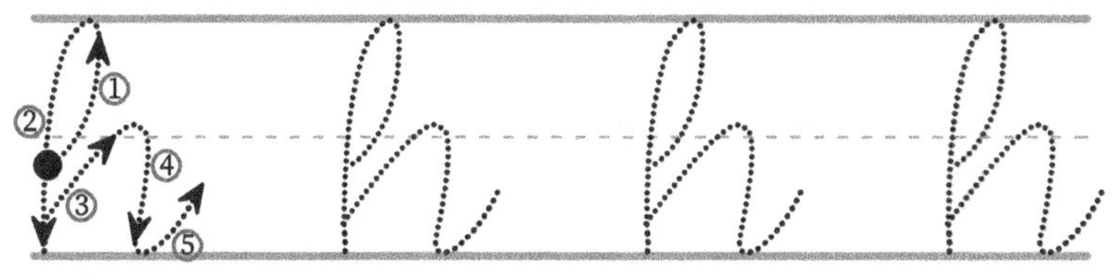

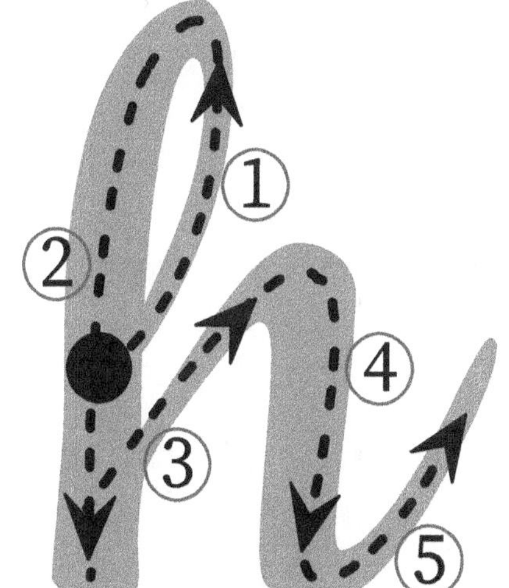

G

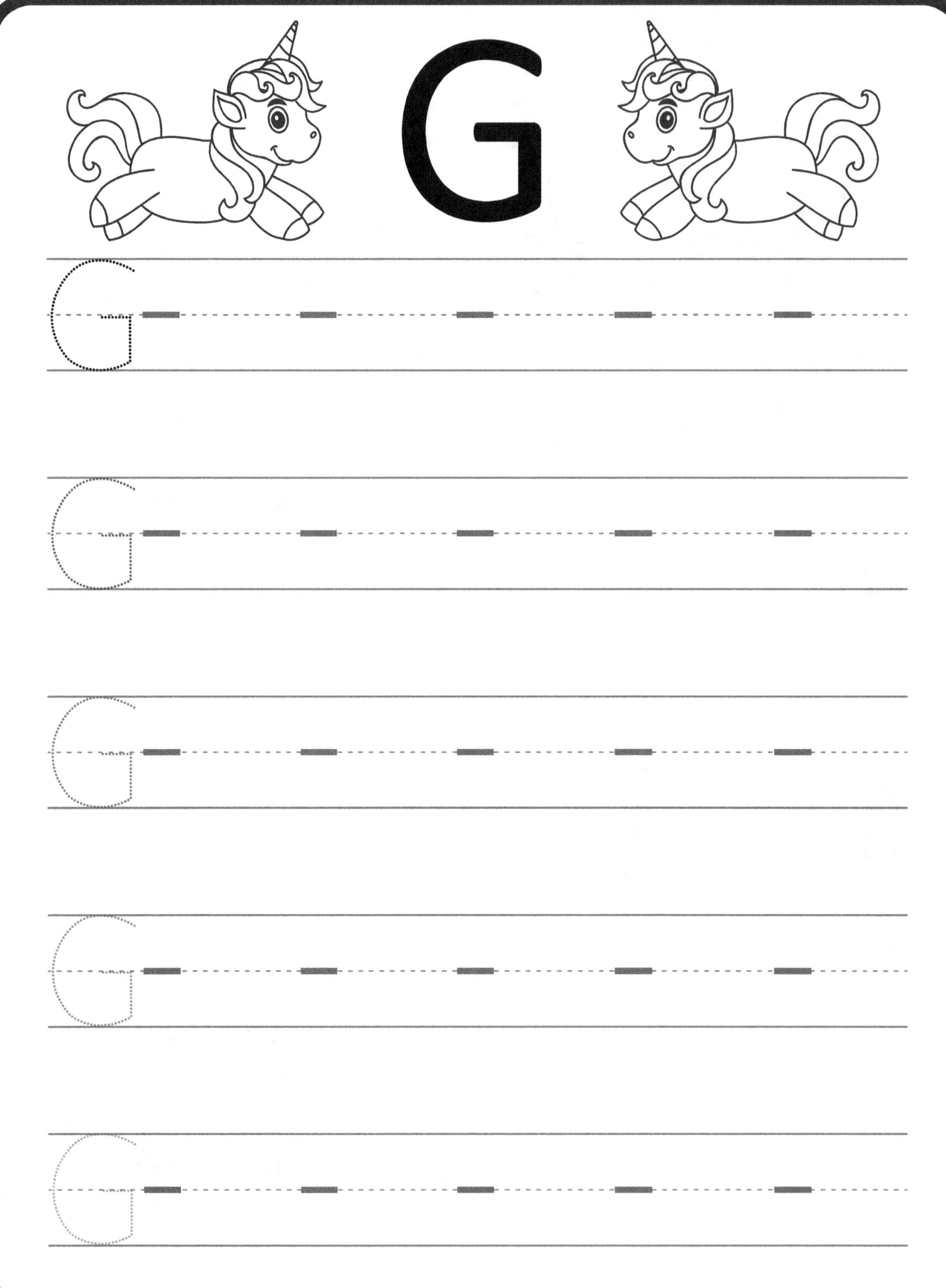

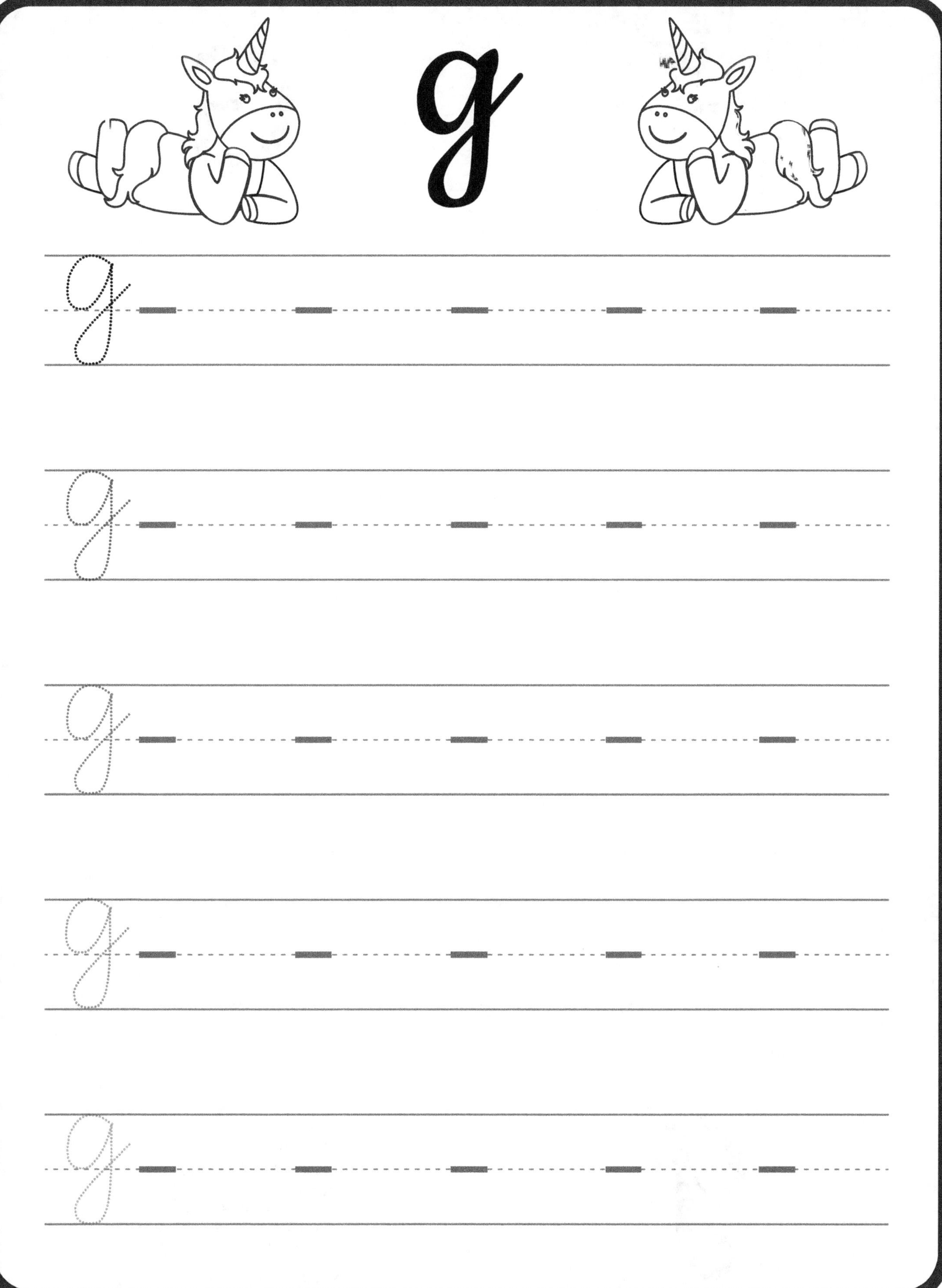

g

G

g

H-h

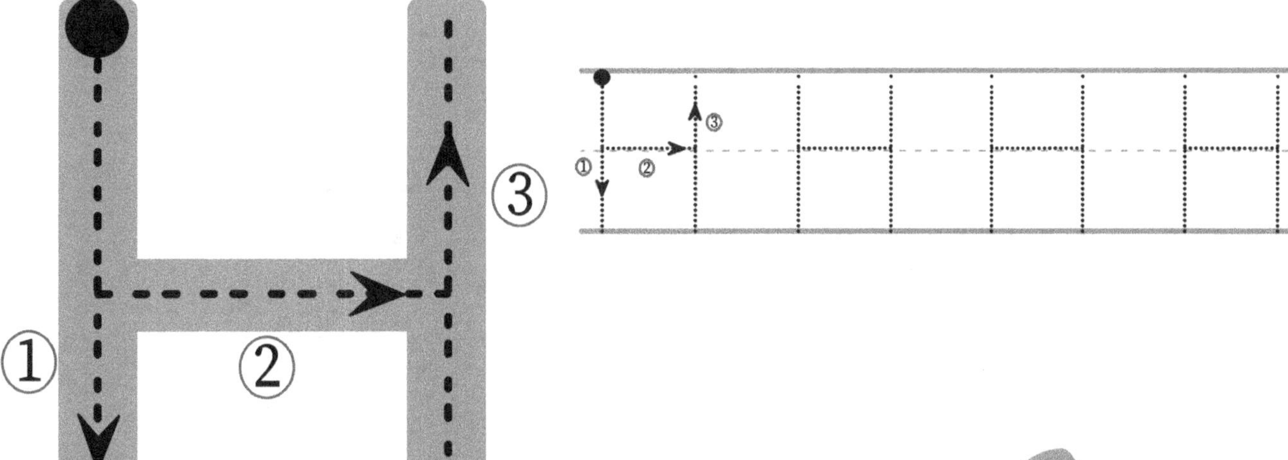

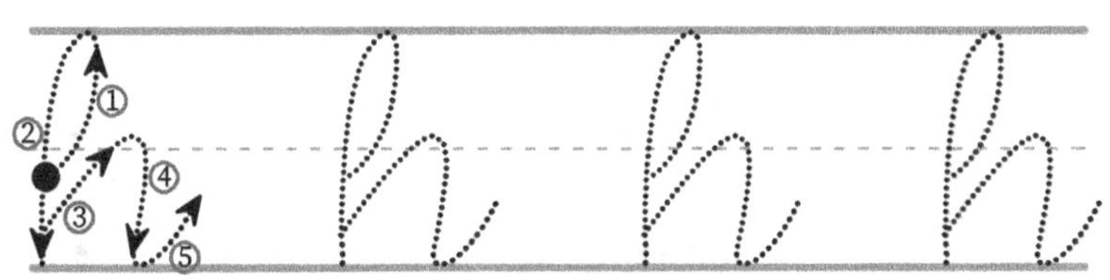

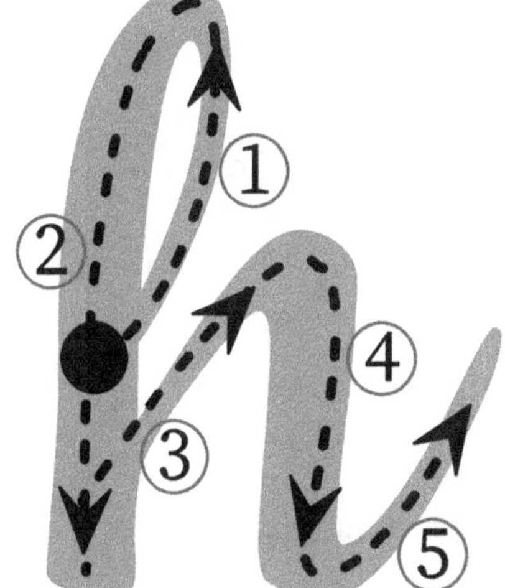

H

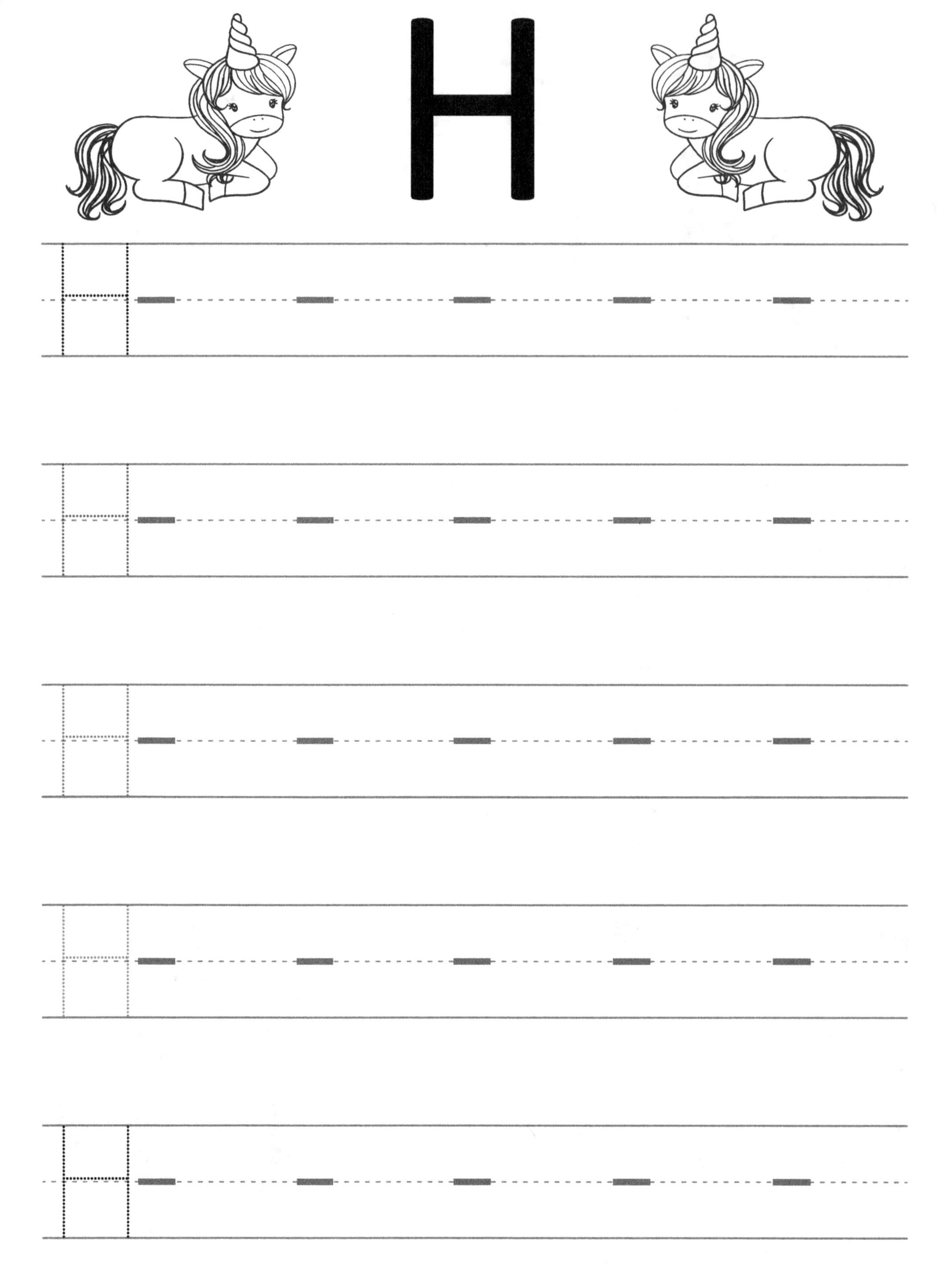

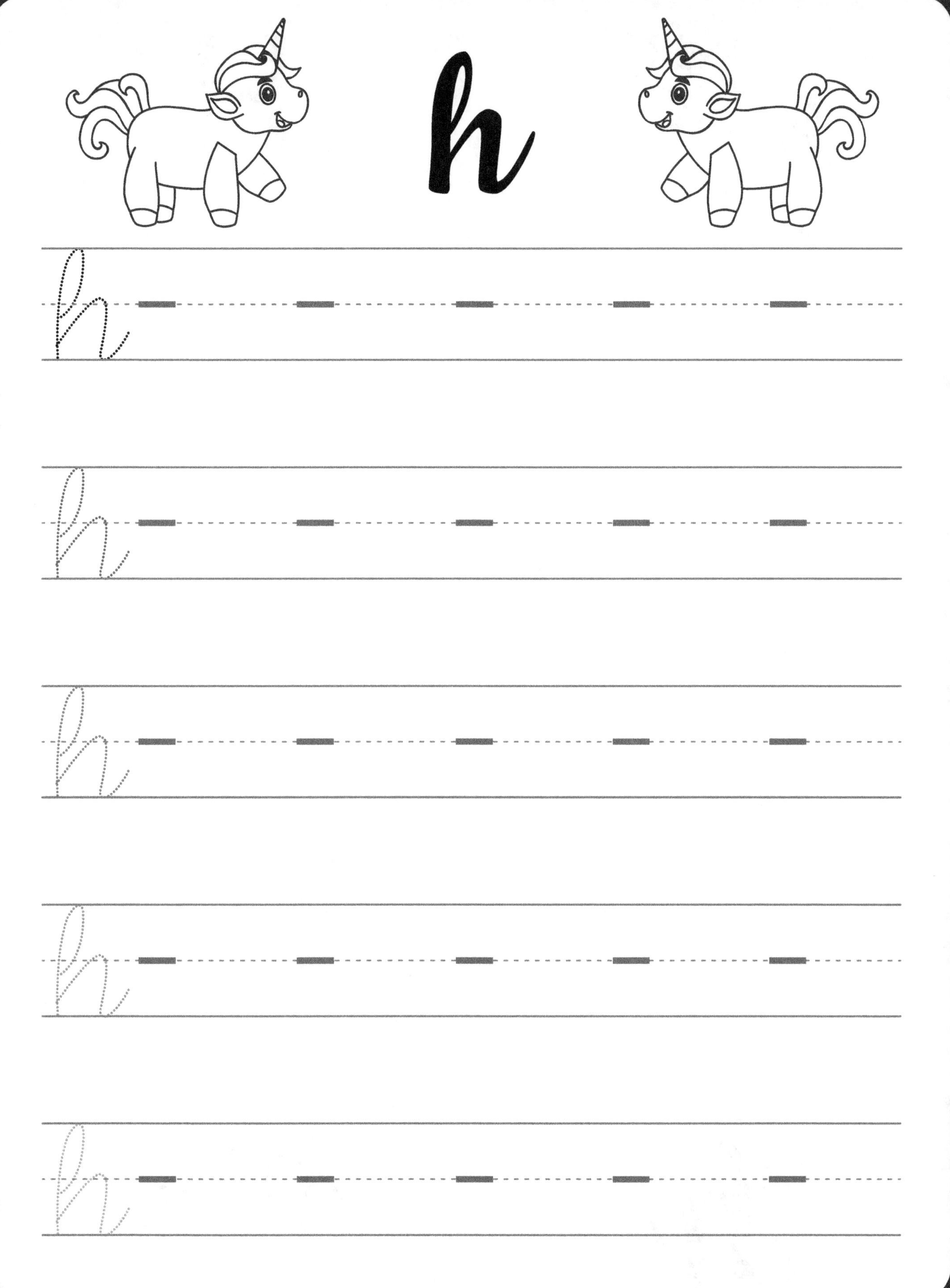

H

h

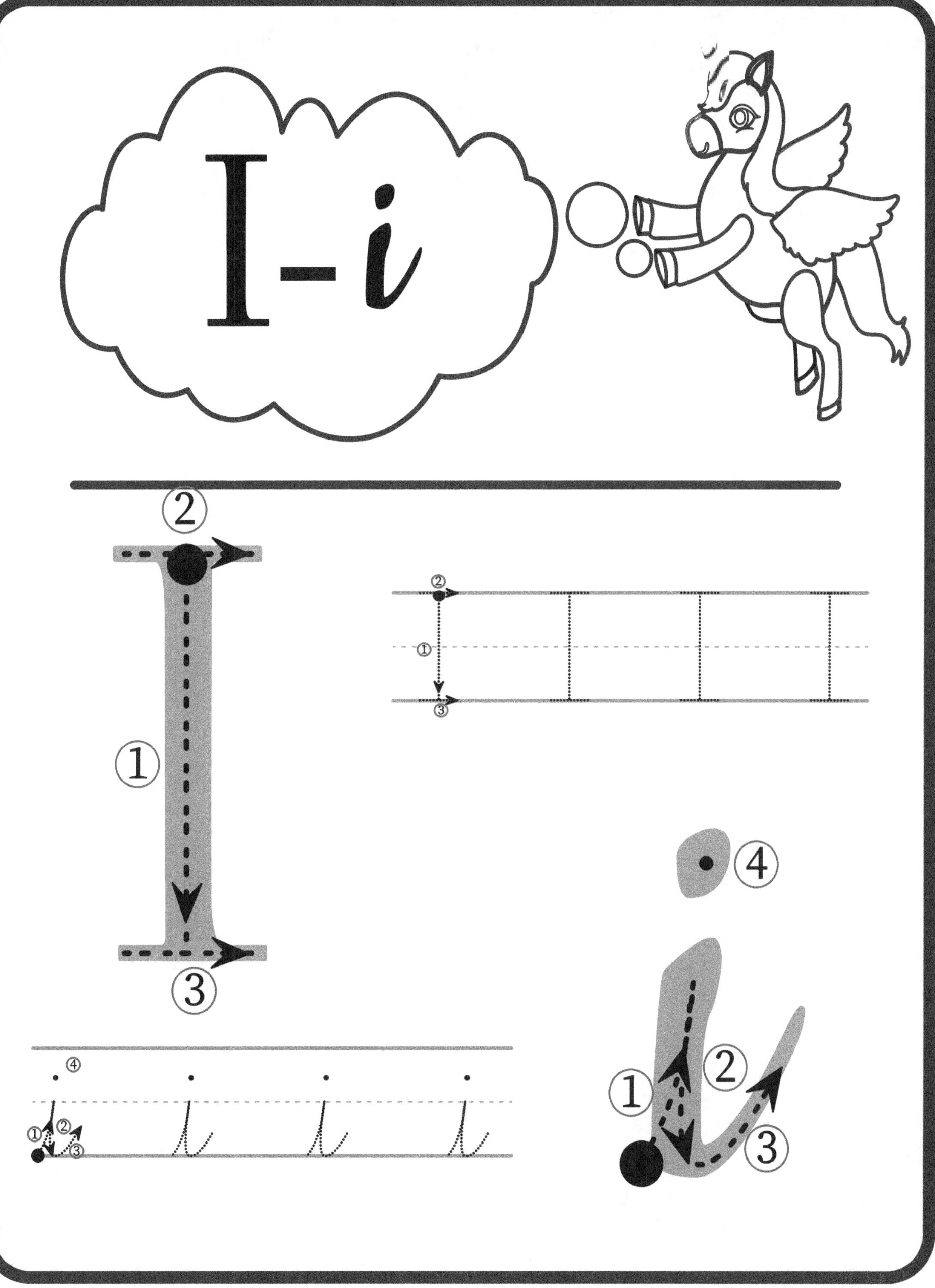

I-i

I

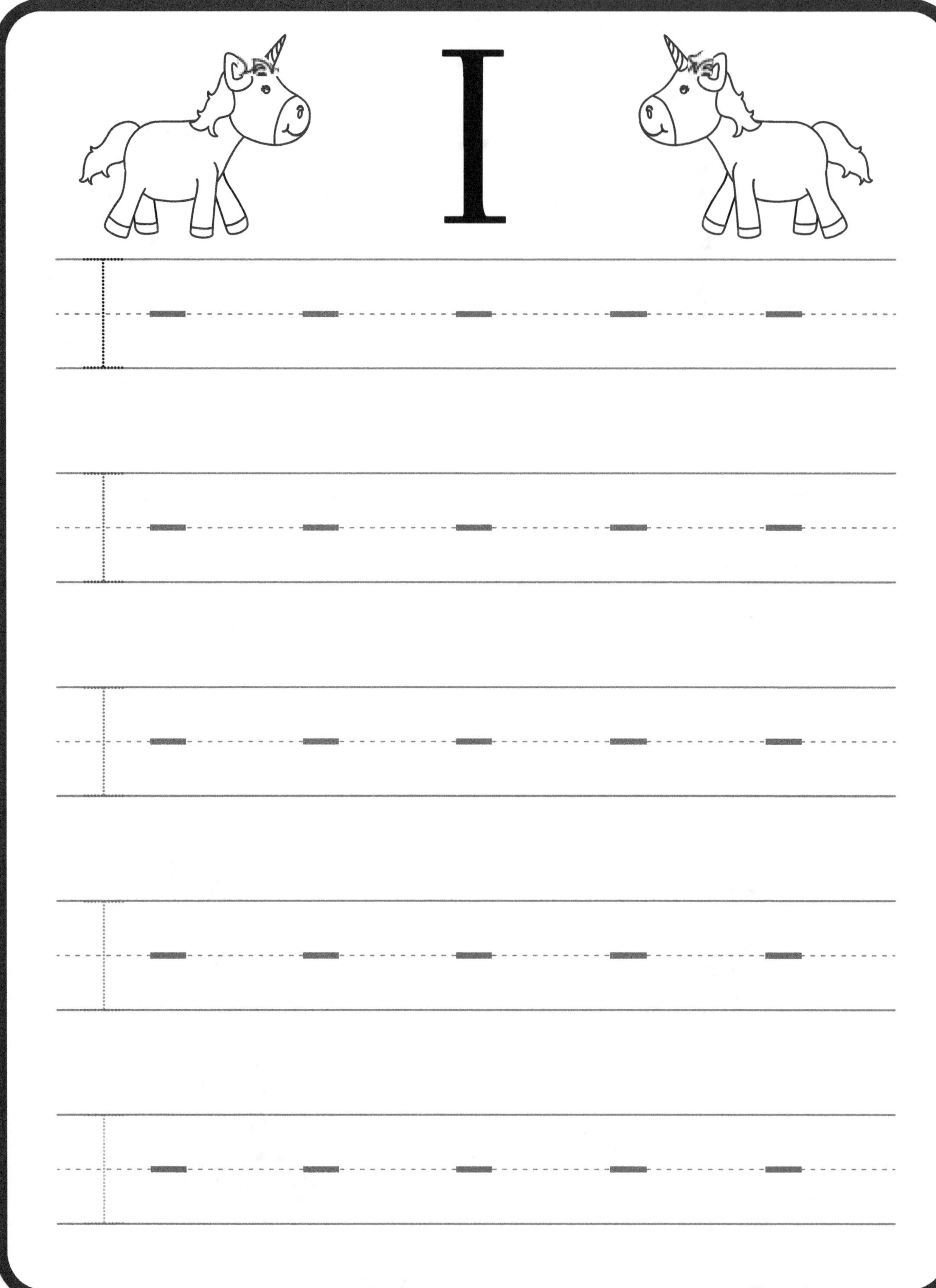

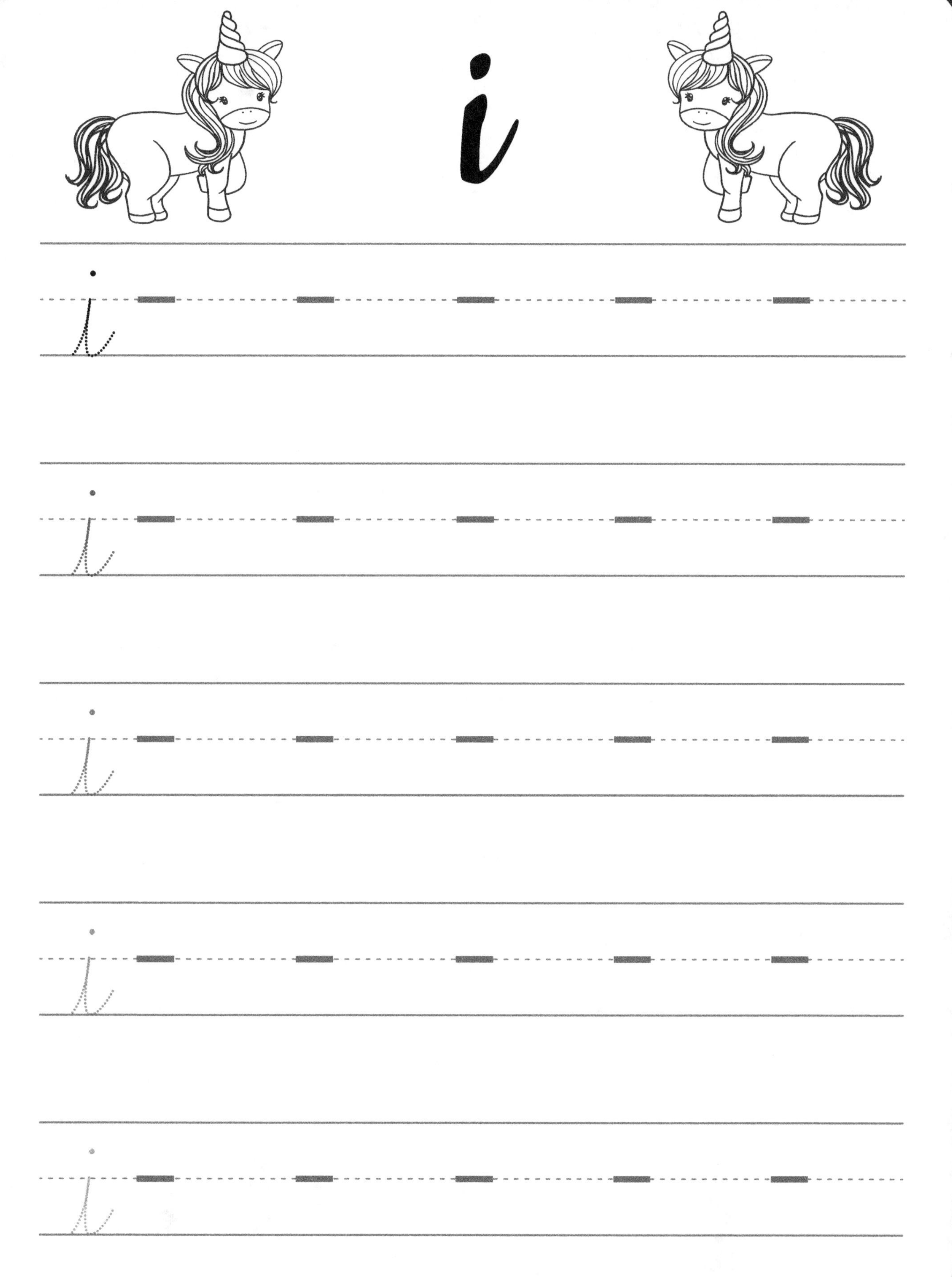

i

I
i

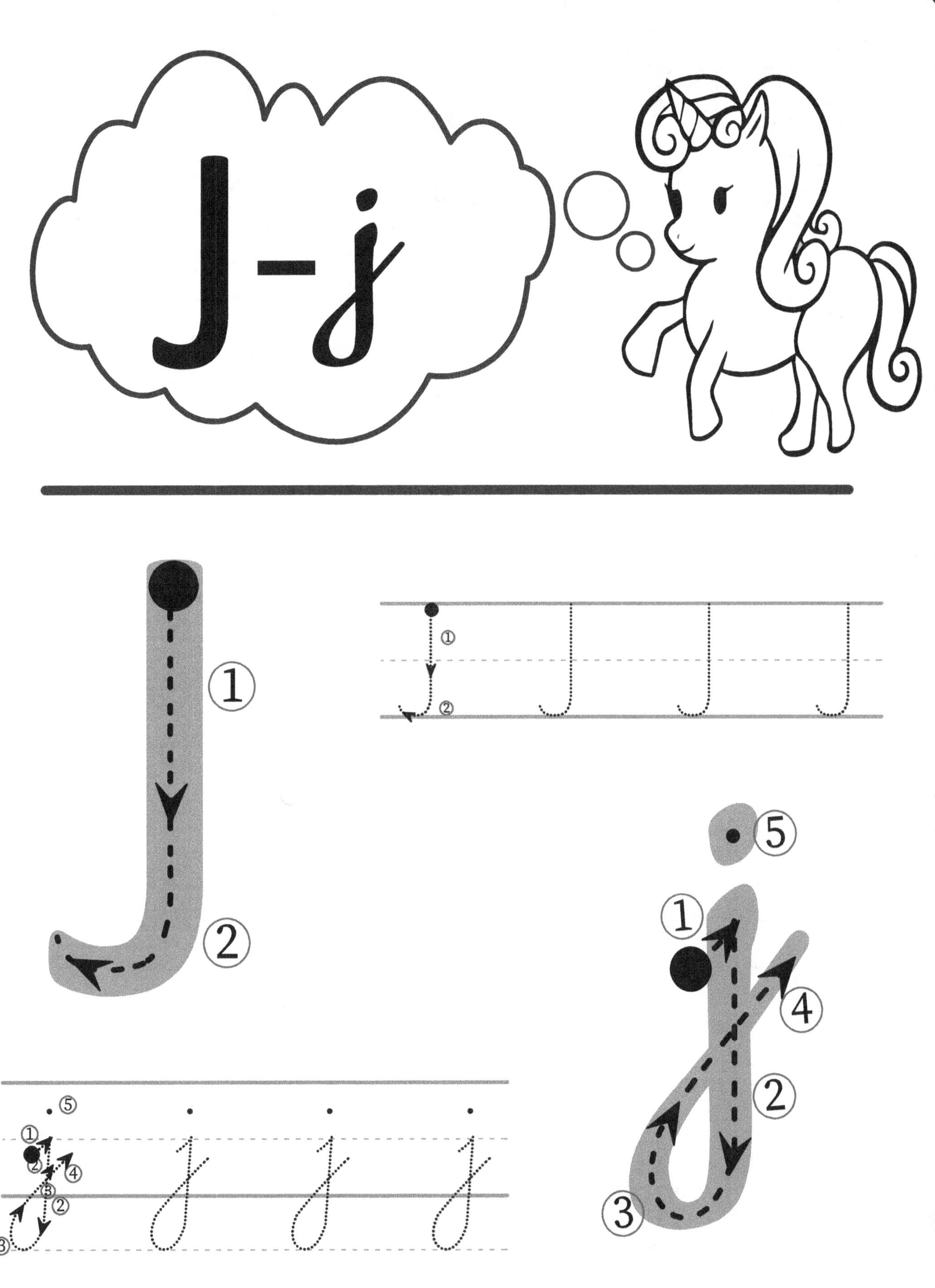
J-j

J

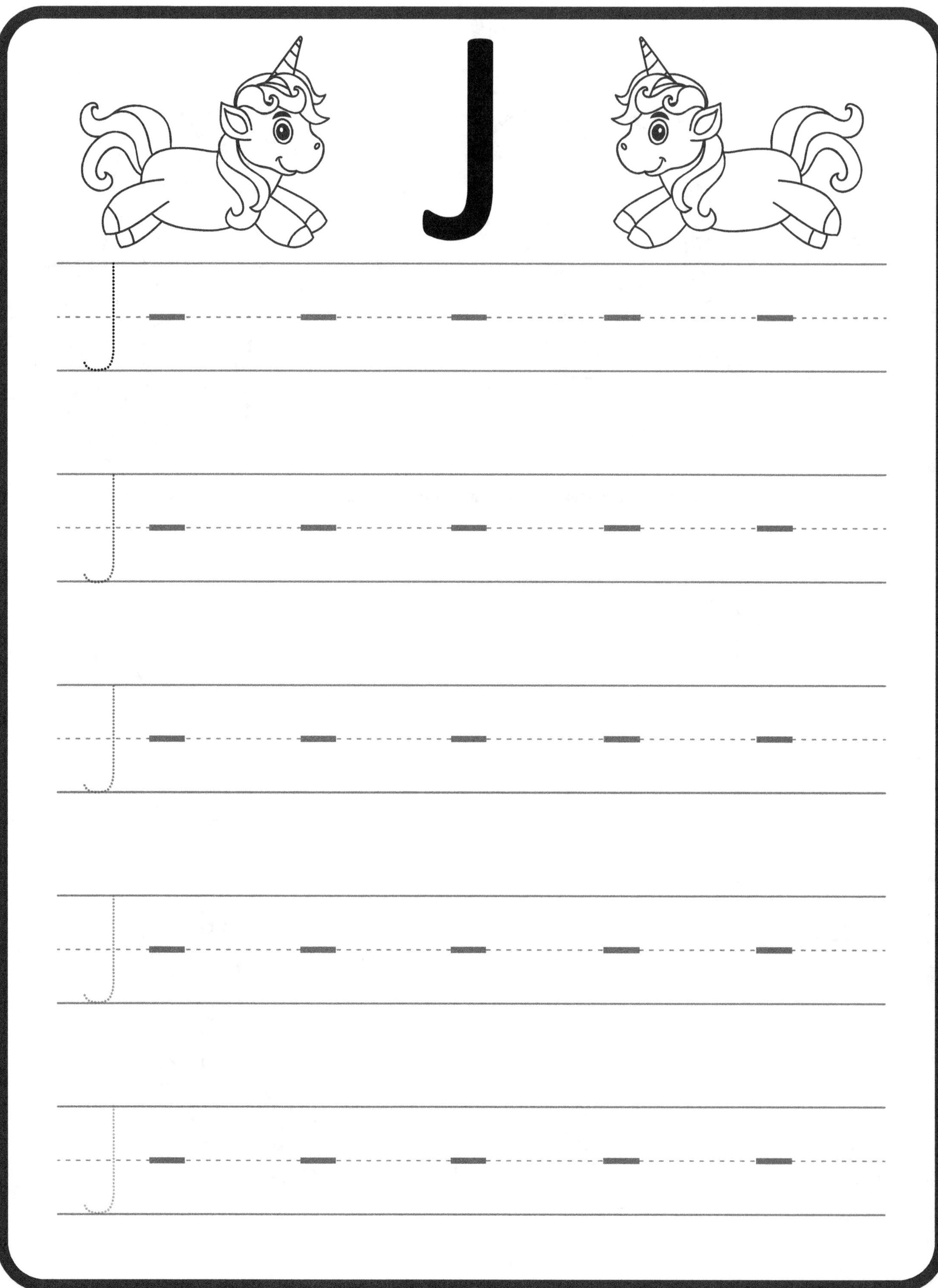

j

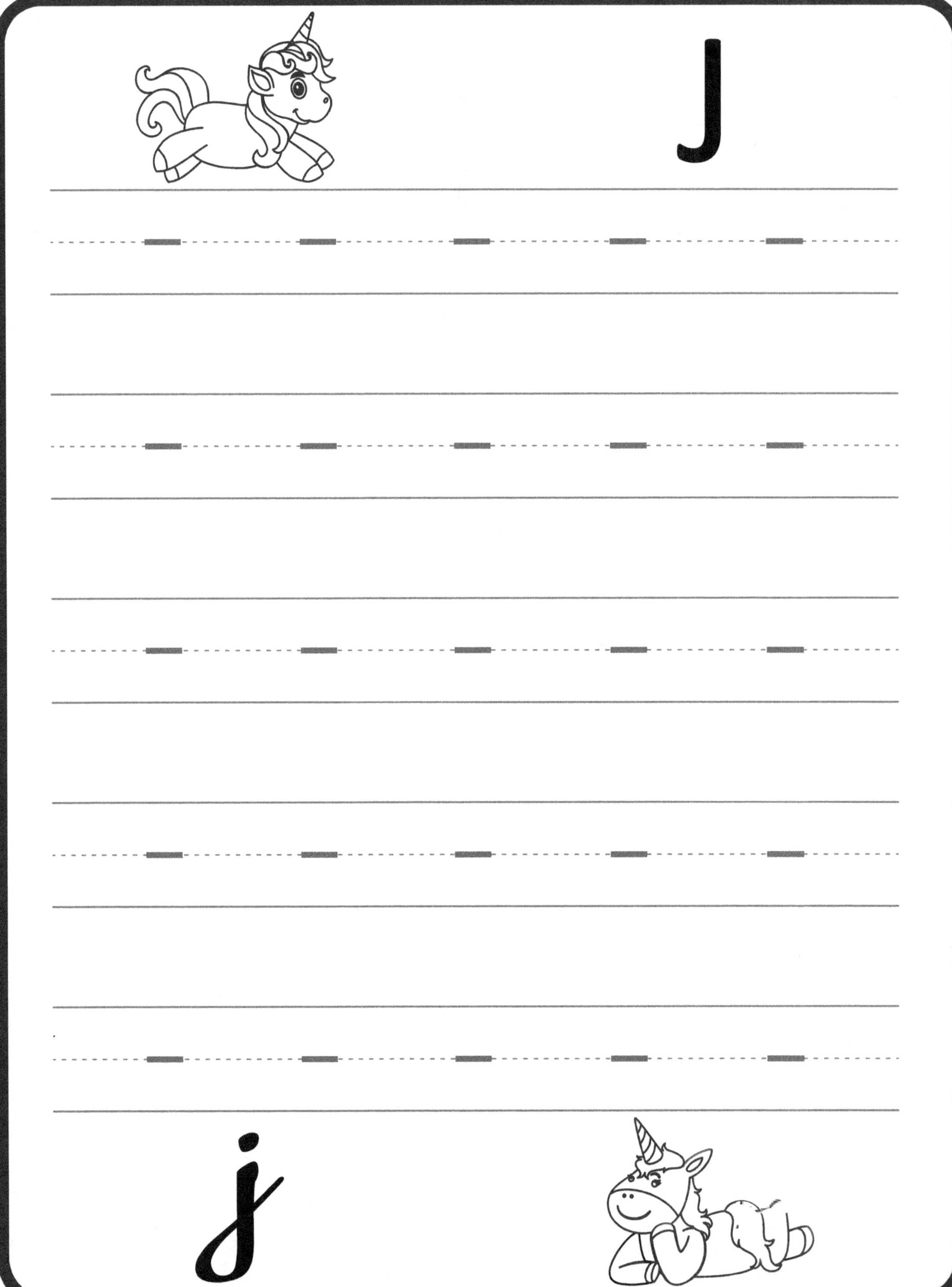

J
j

K-k

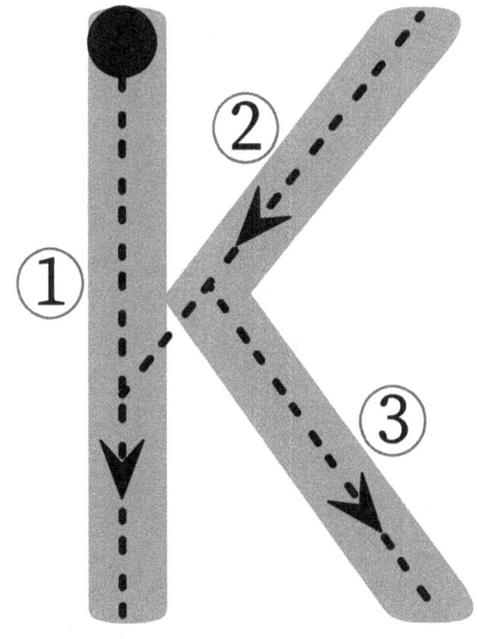

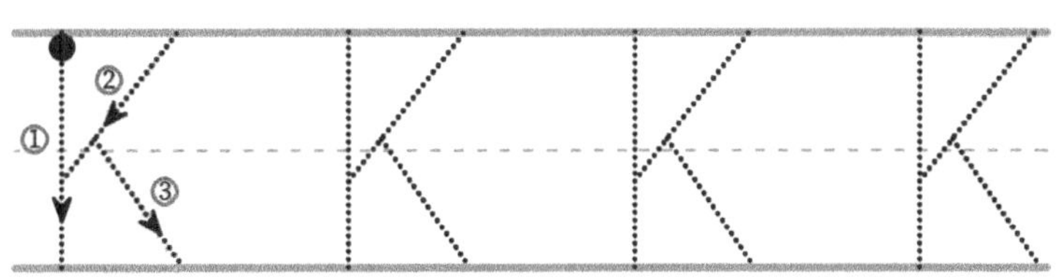

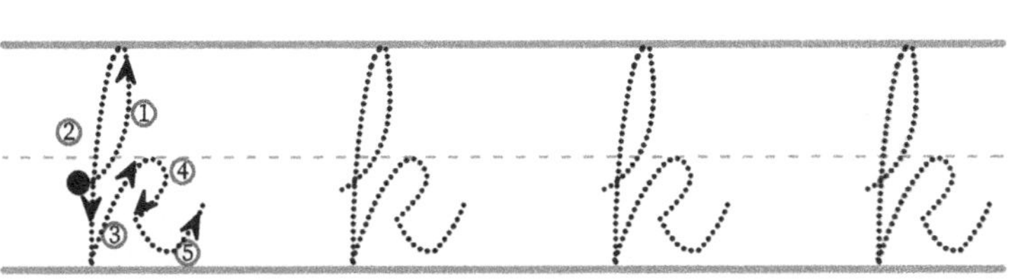

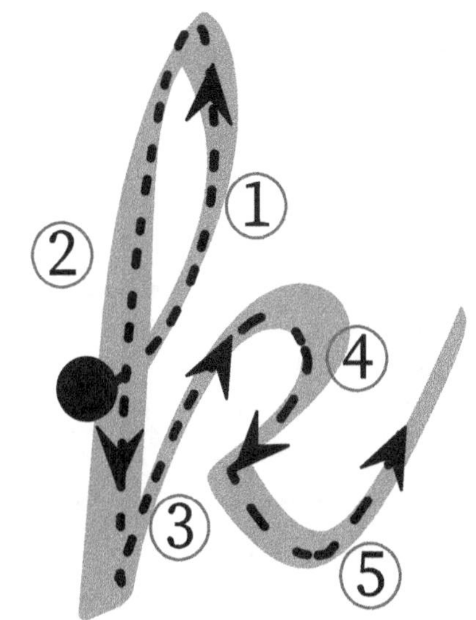

K

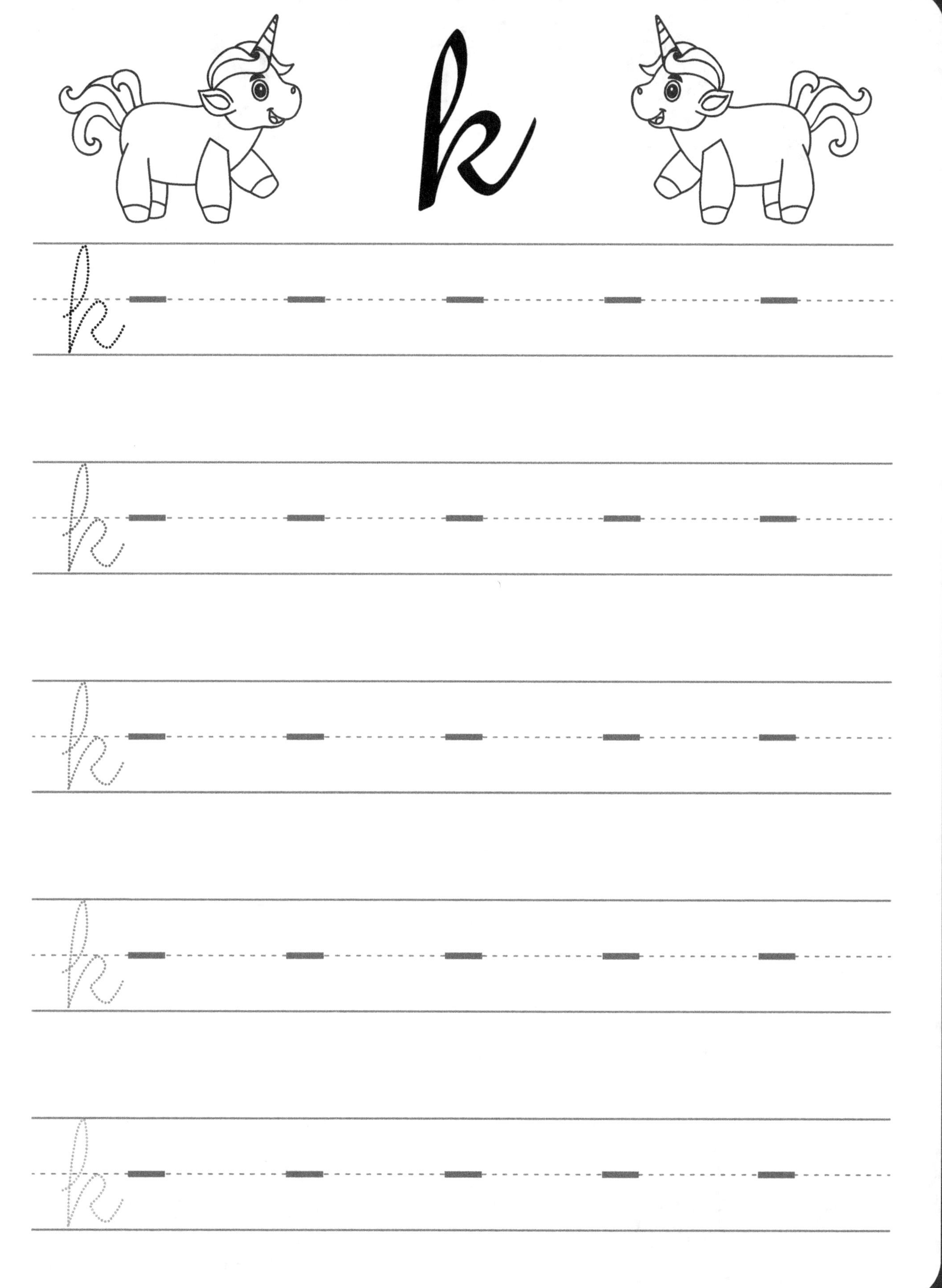

K

k

L-l

L

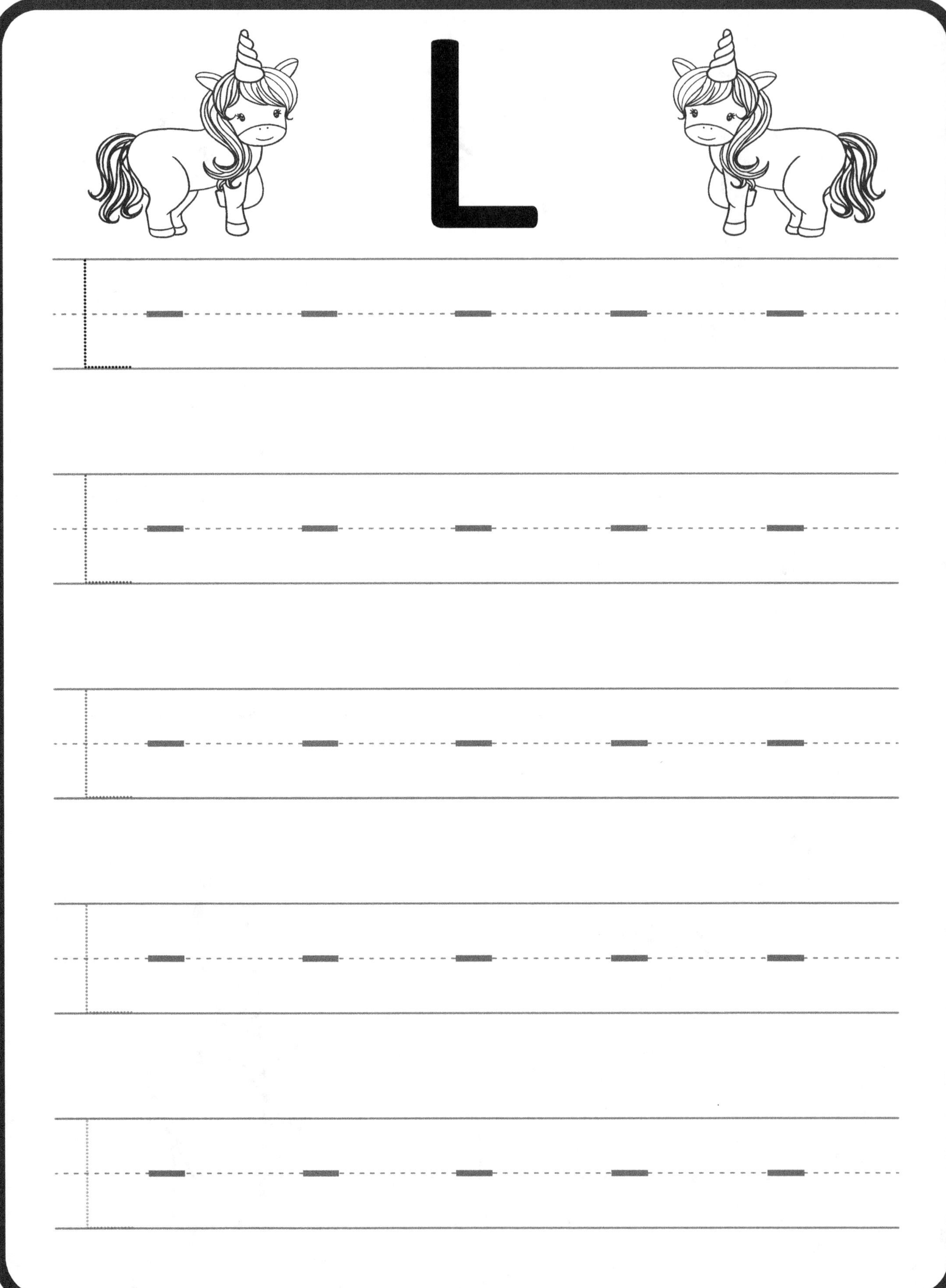

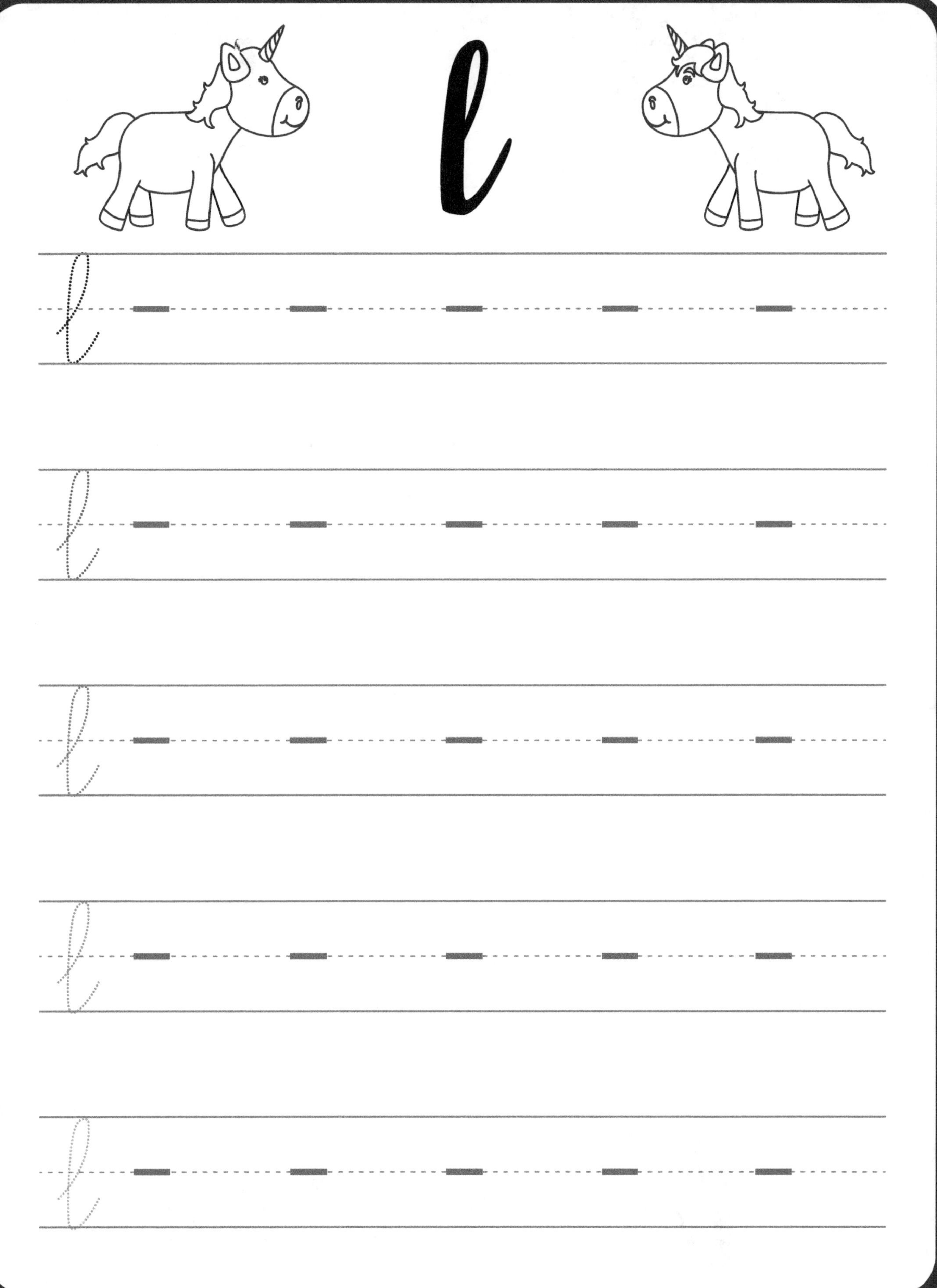

L

l

M-m

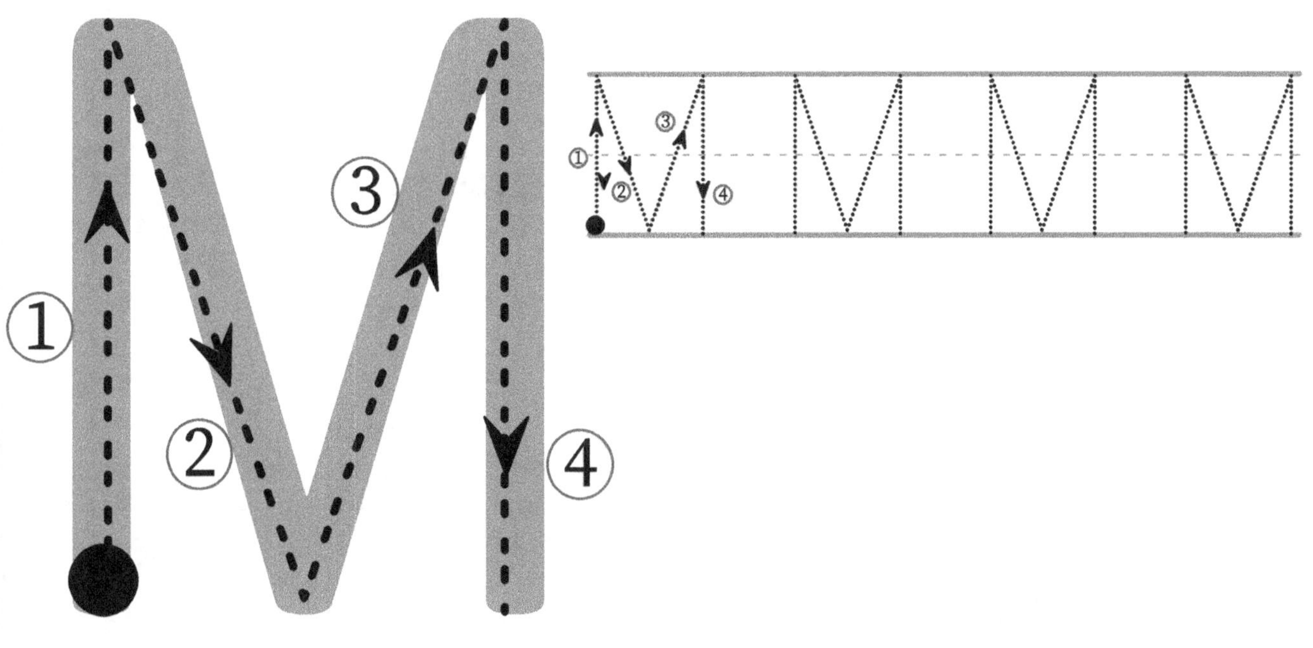

M

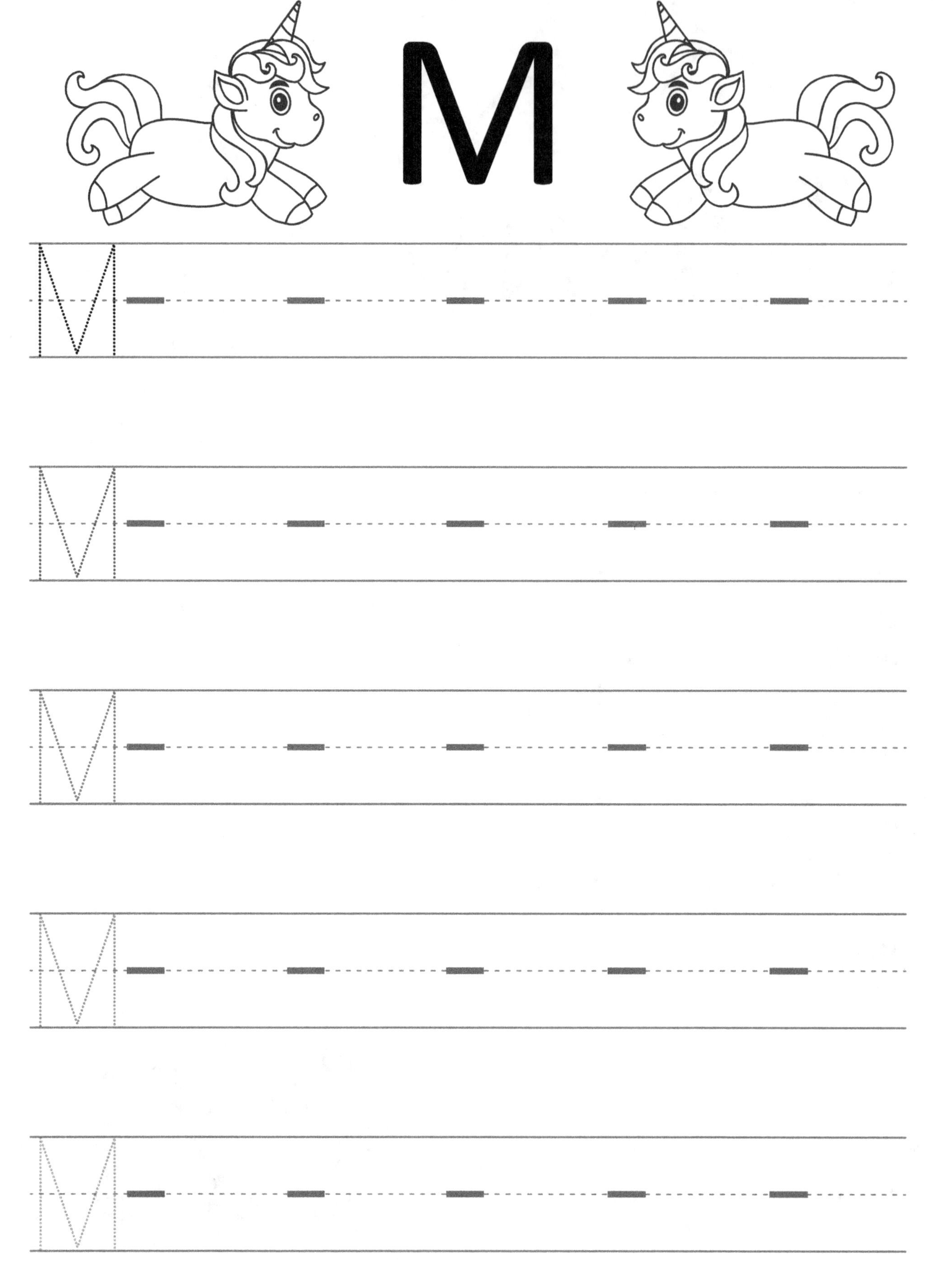

m

M

m

N-n

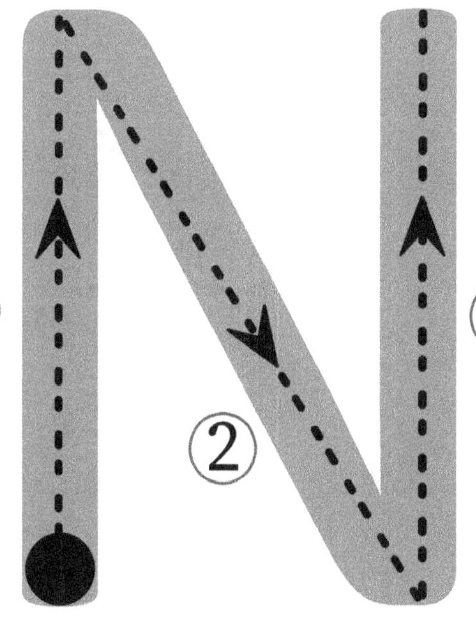

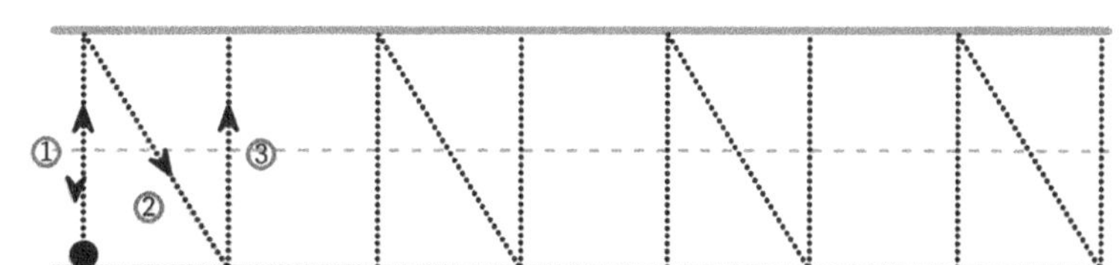

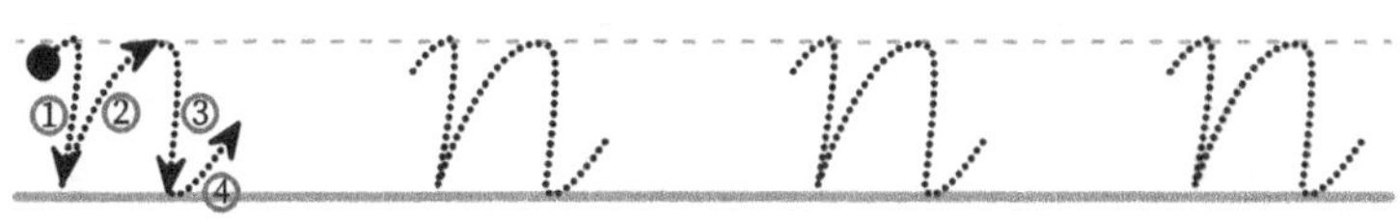

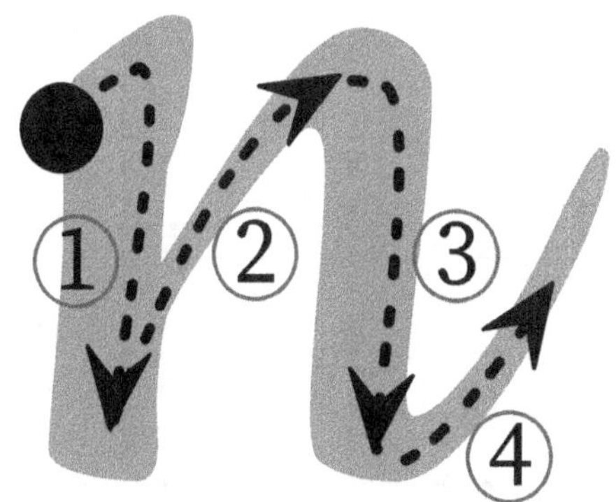

N

n

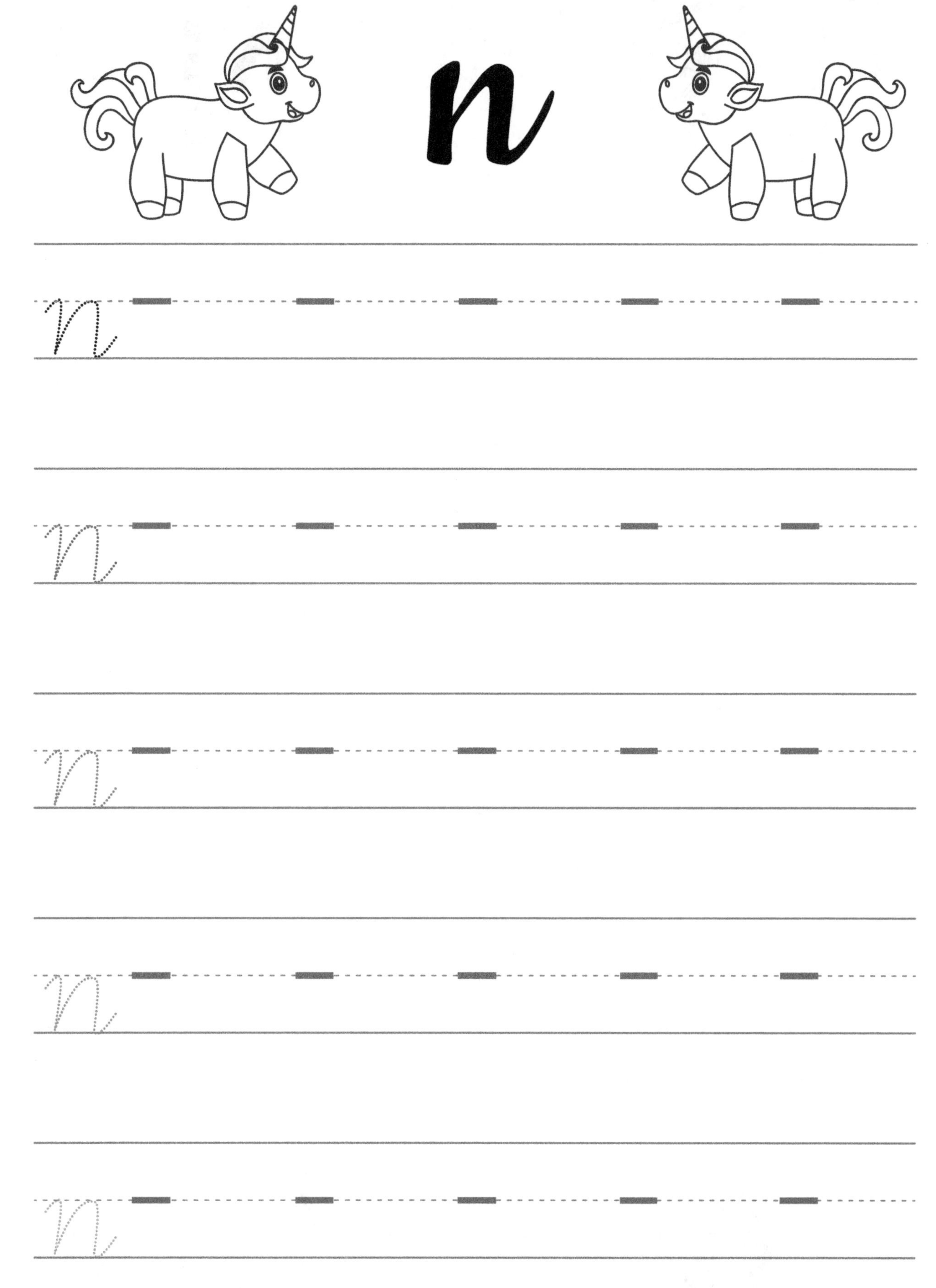

N

n

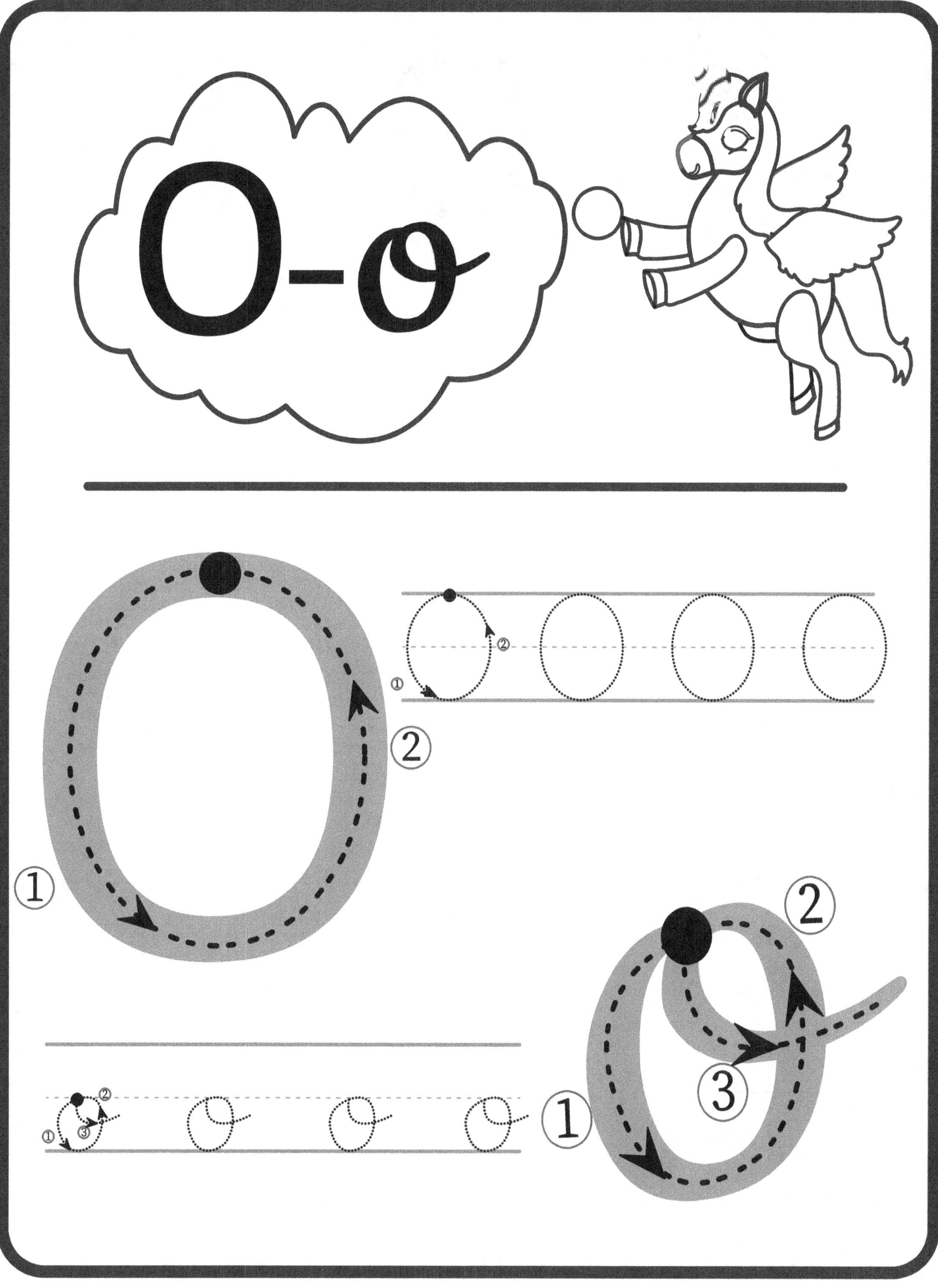

O

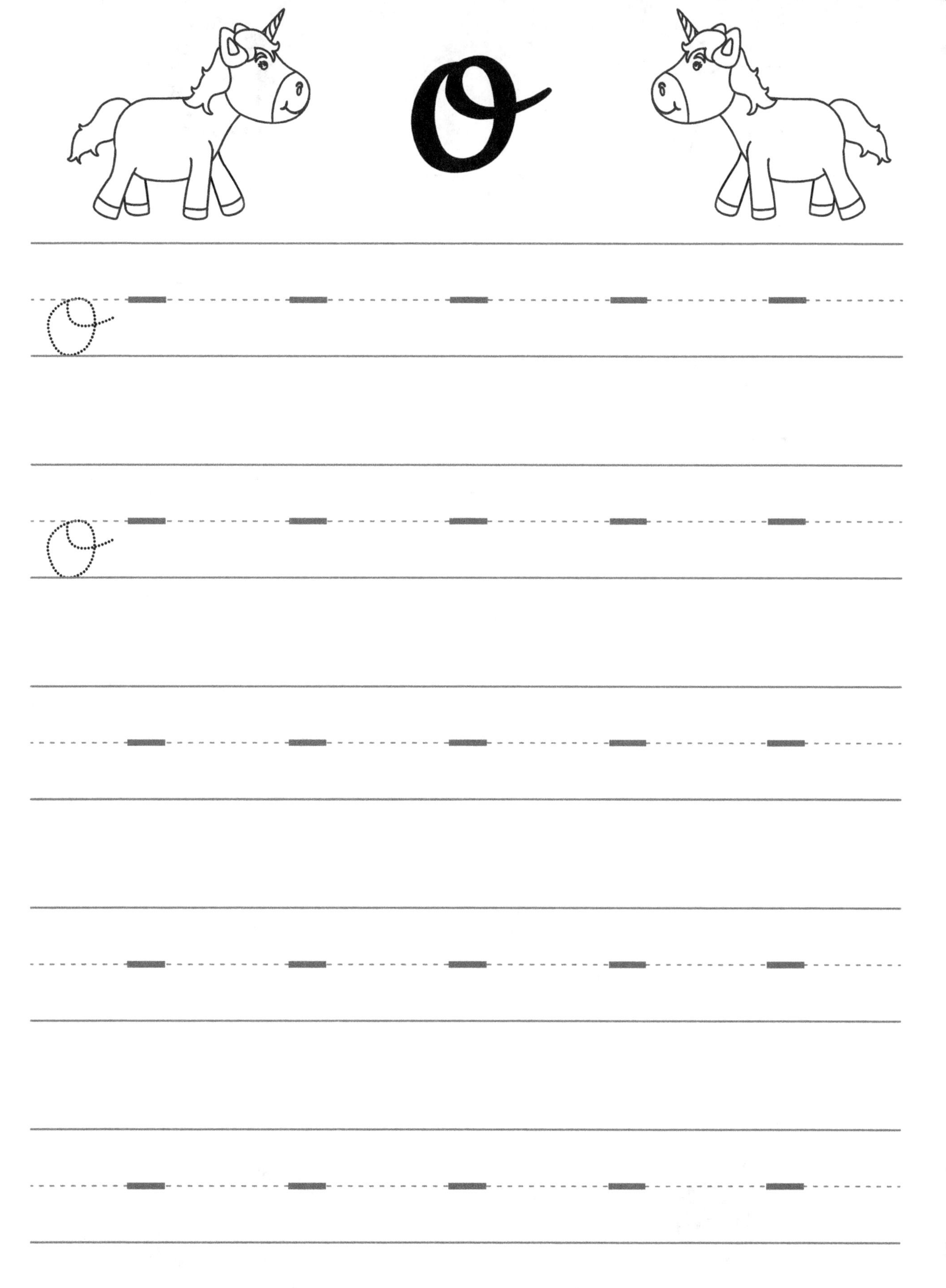

O

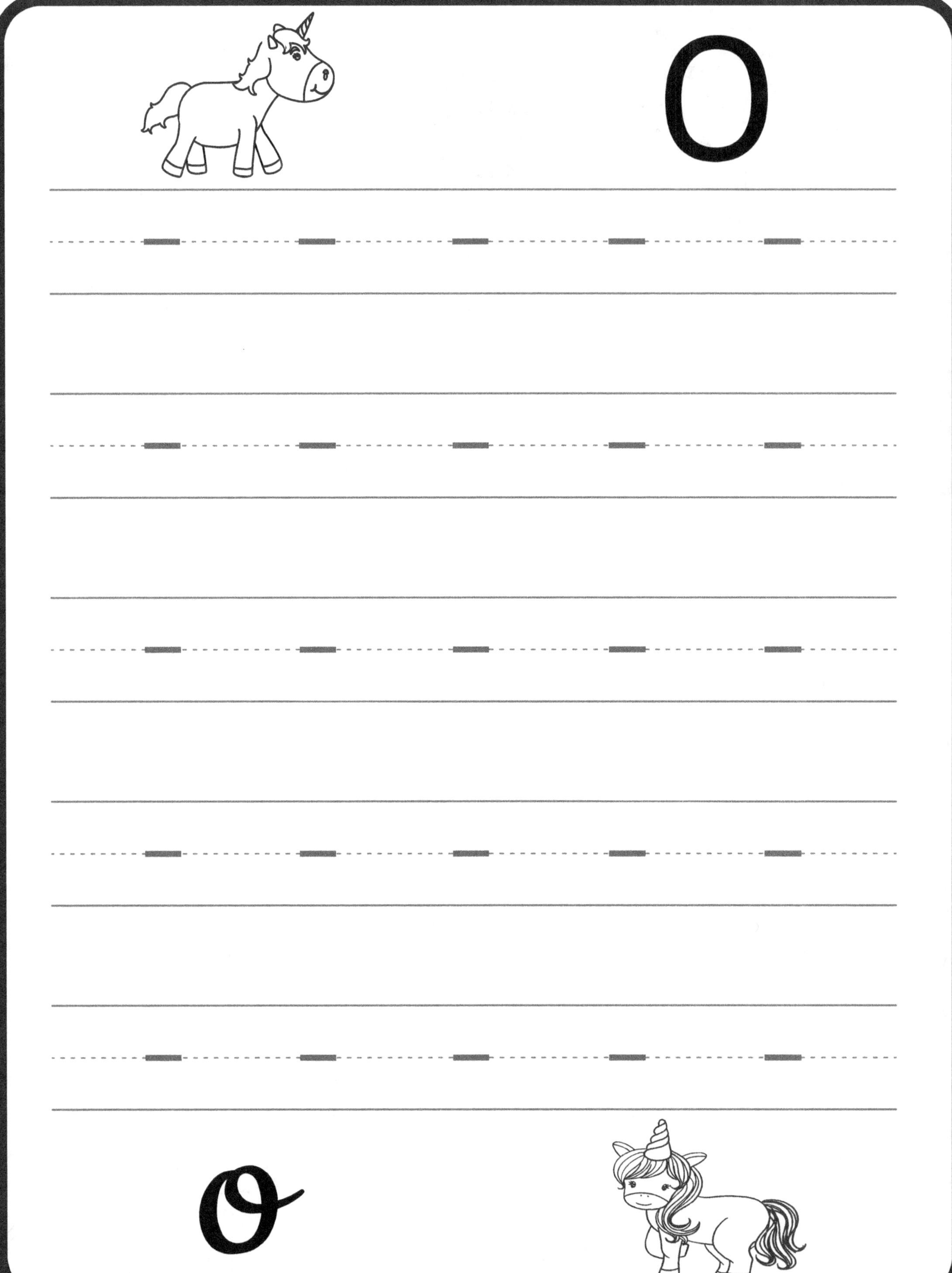

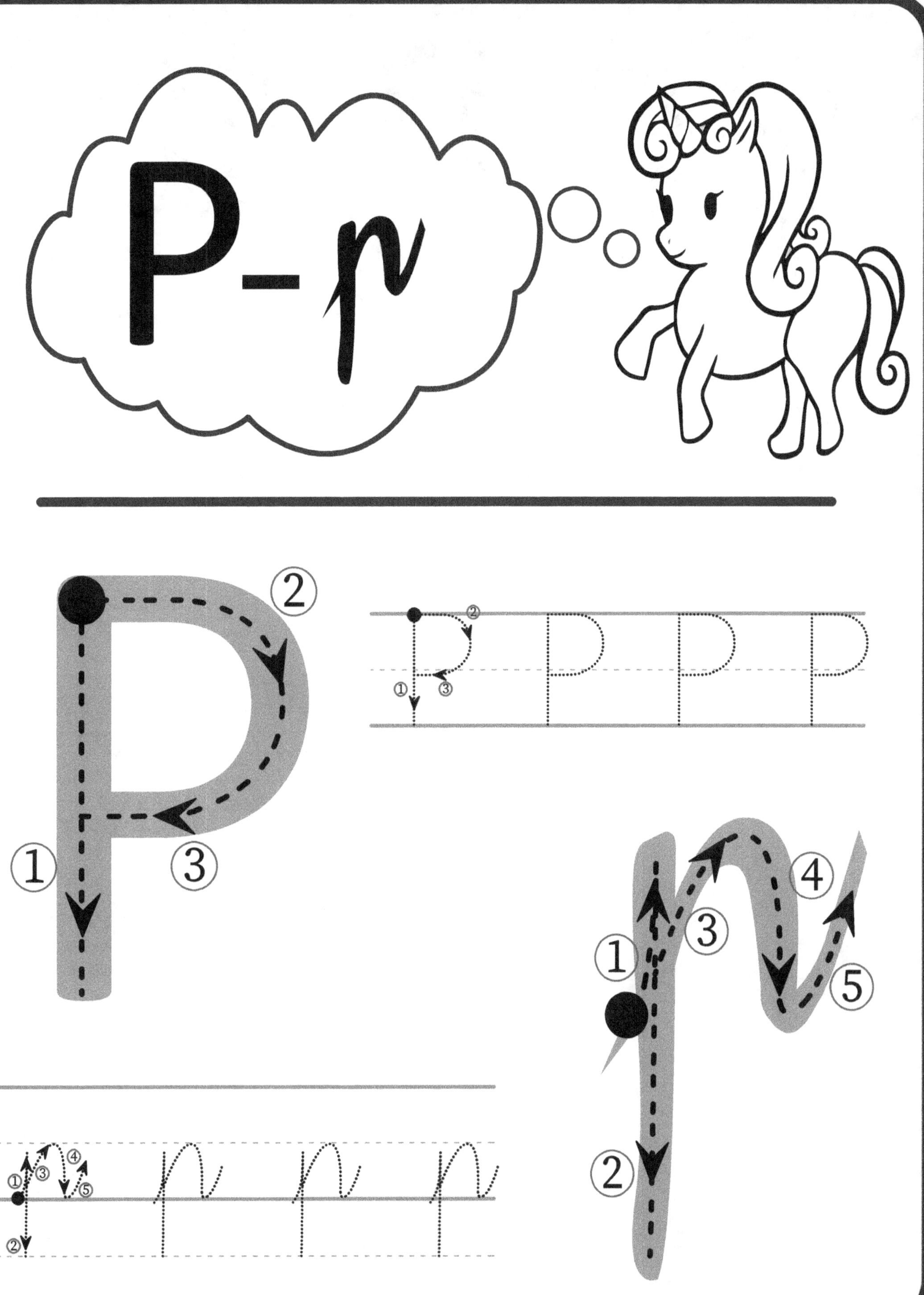

P-p

P

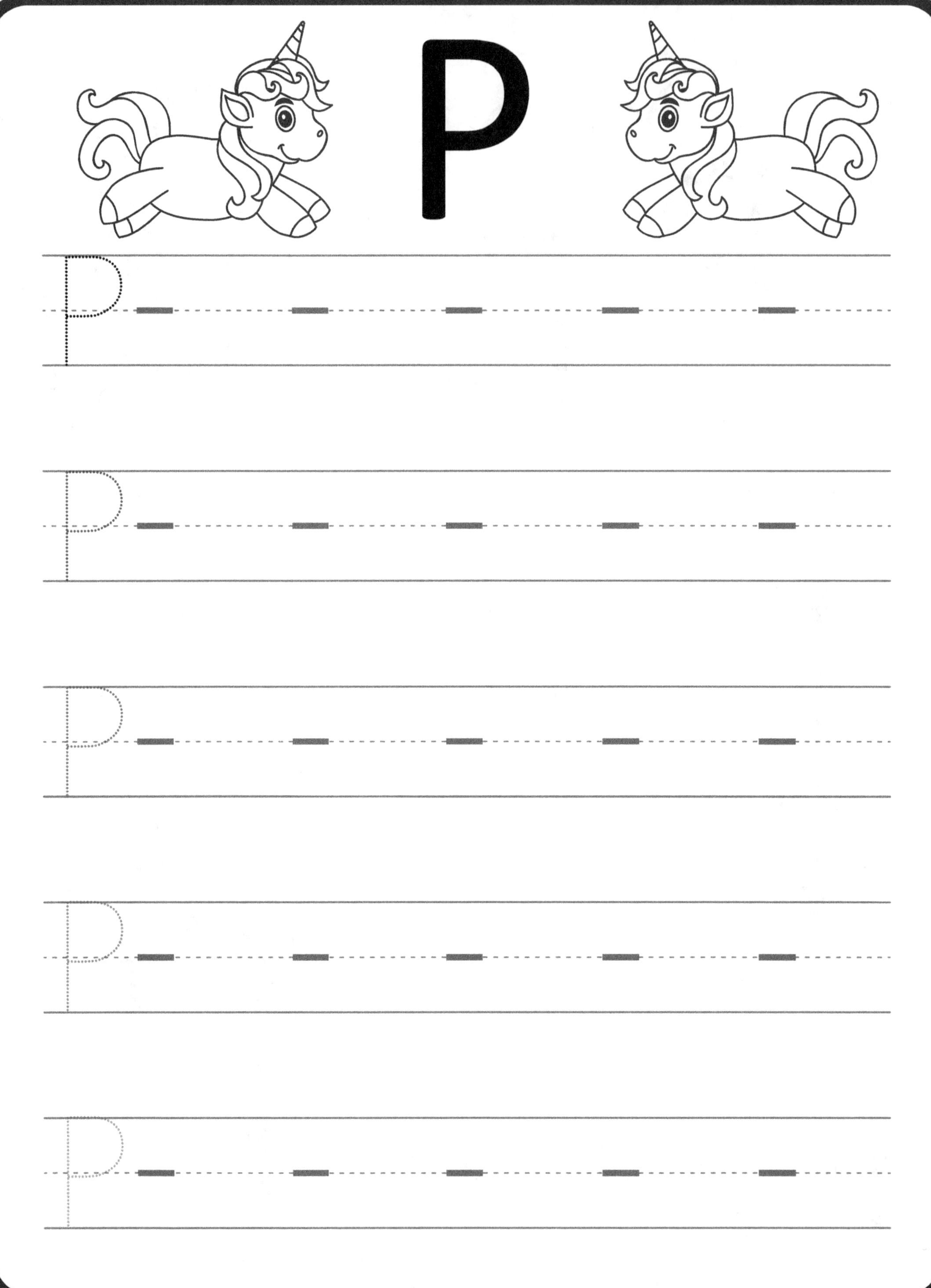

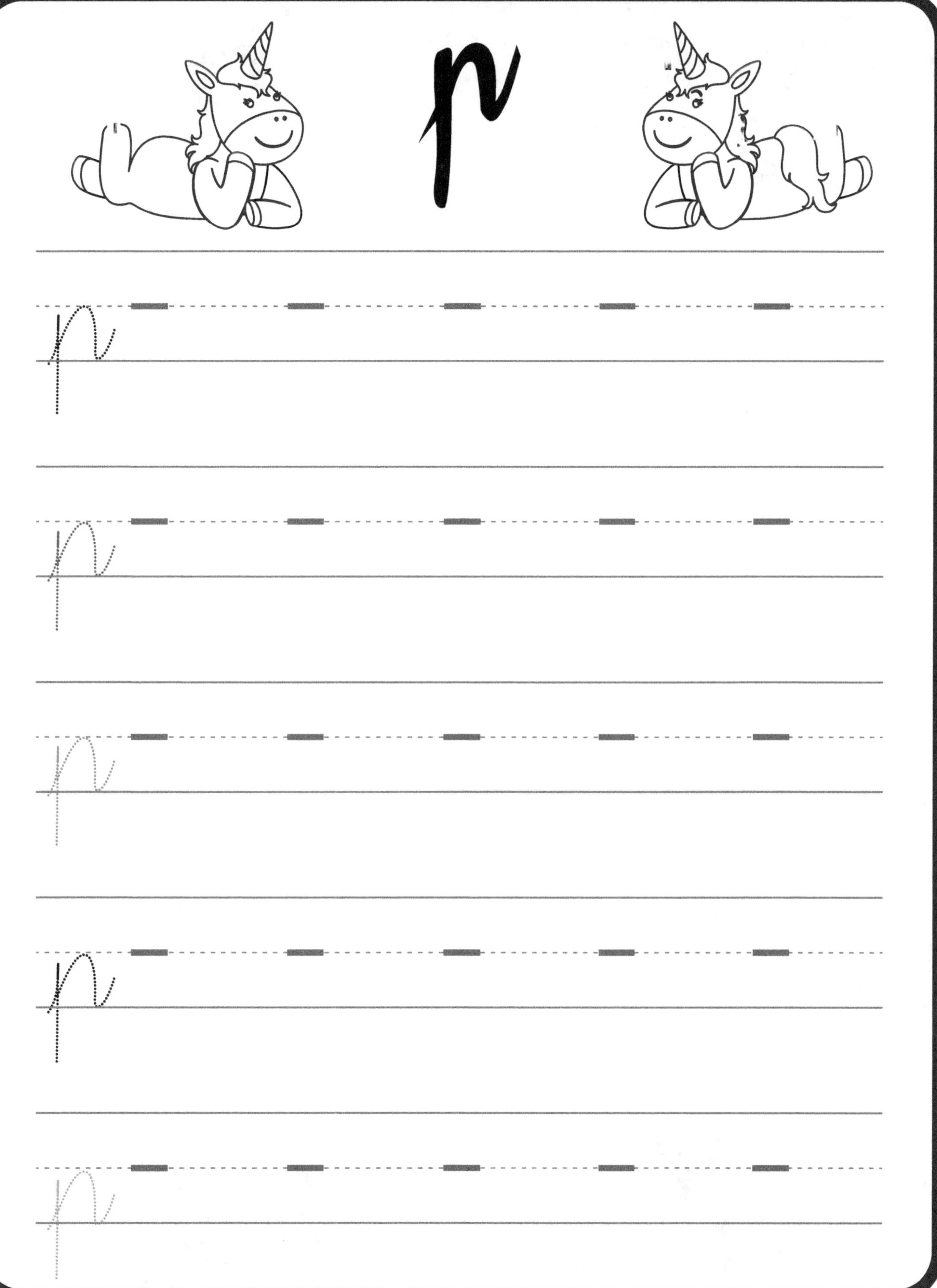

P
r

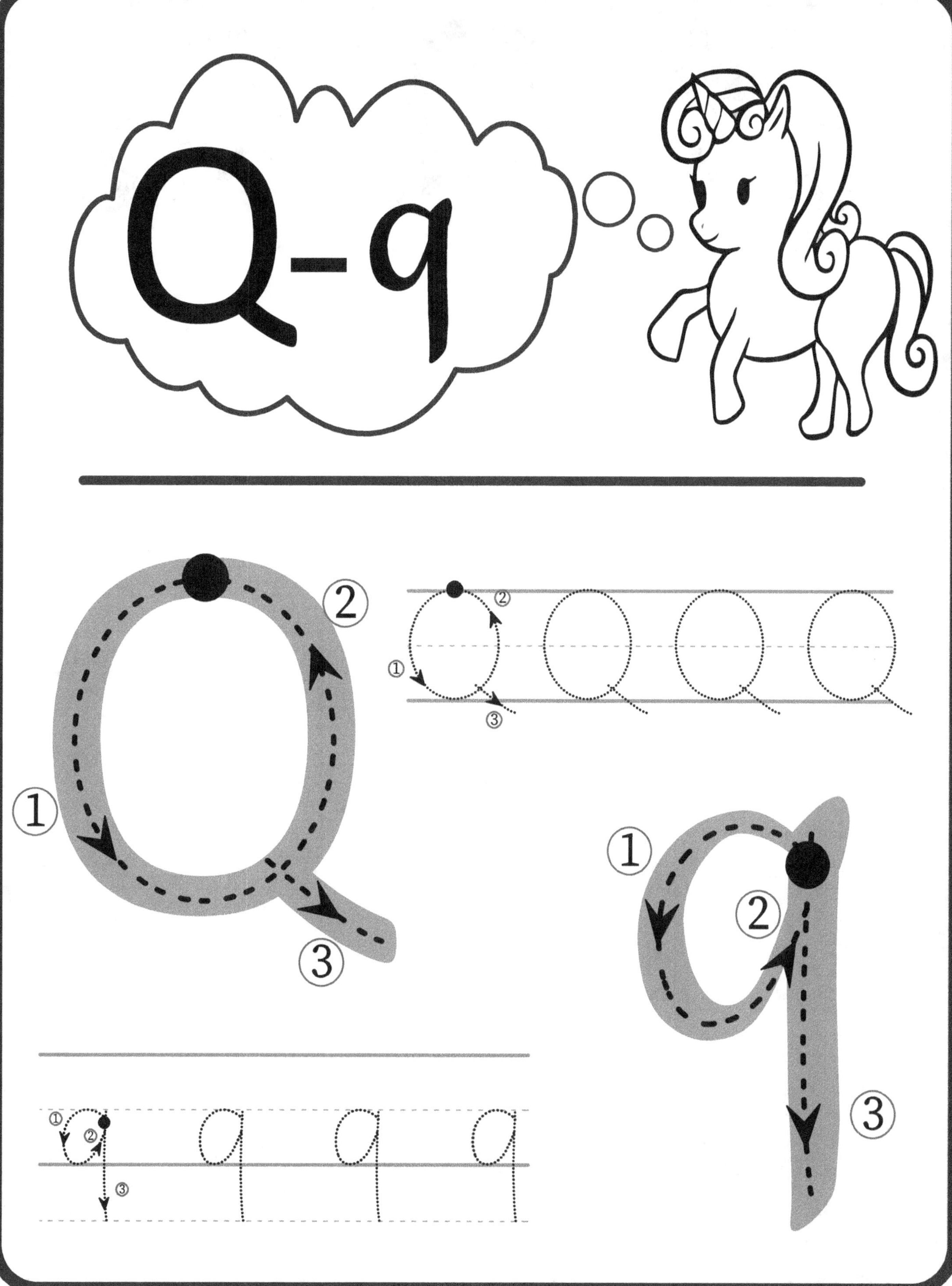
Q-q

q

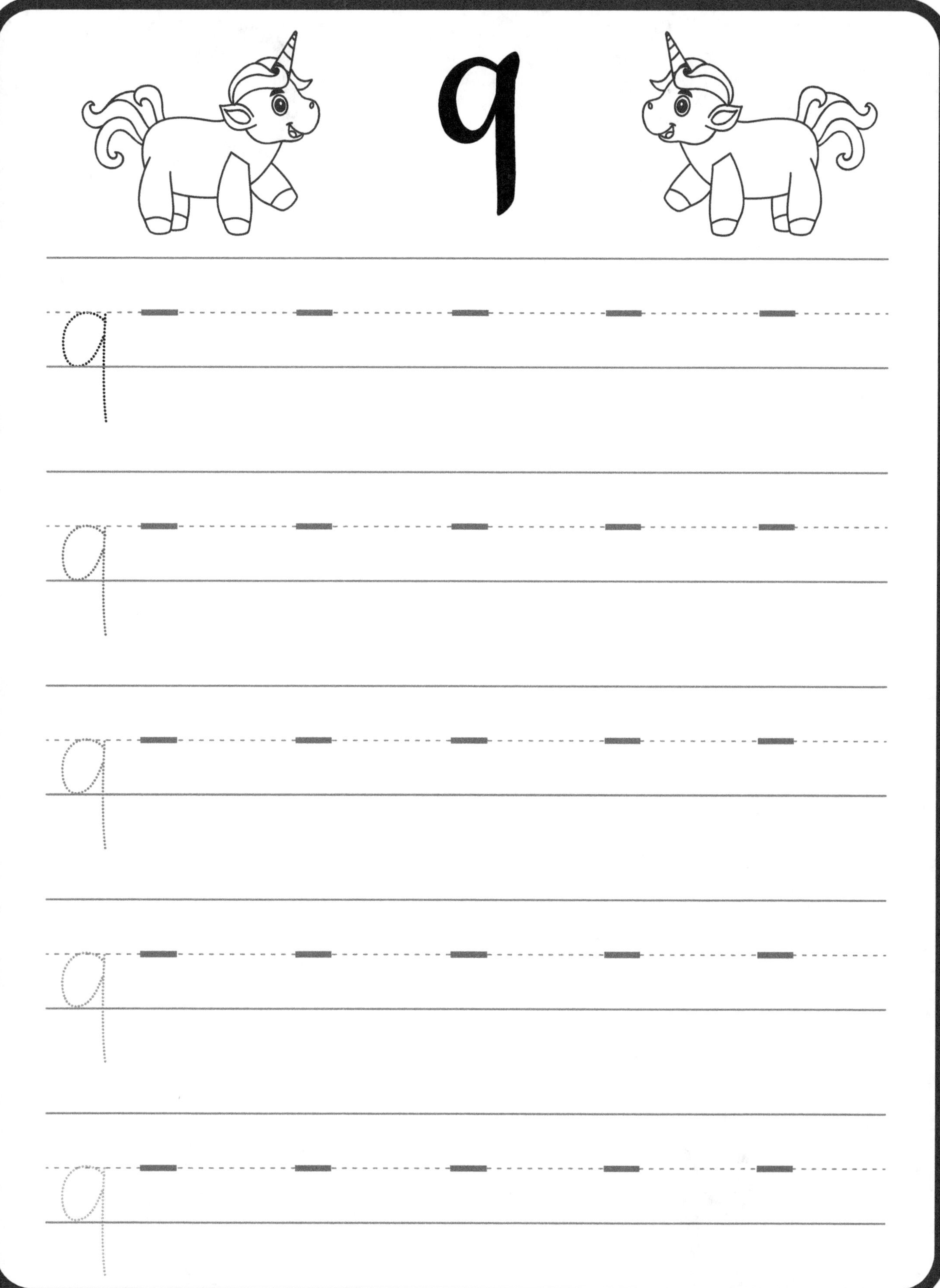

Q

q

R-r

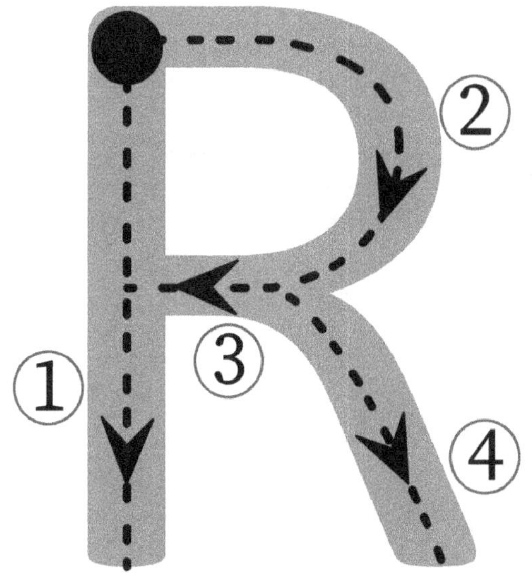
① ② ③ ④

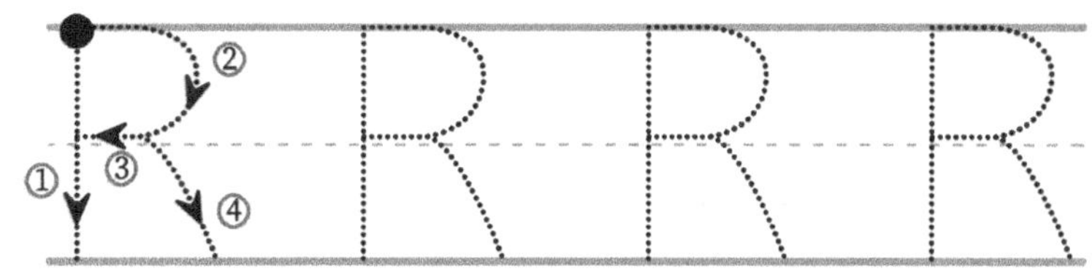
① ② ③ ④
R R R R

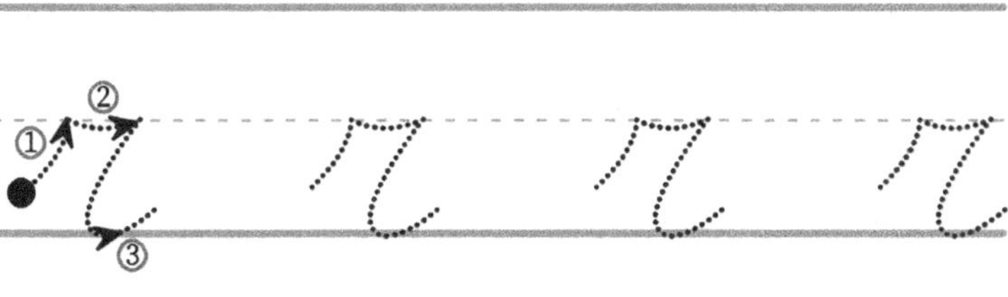
① ② ③

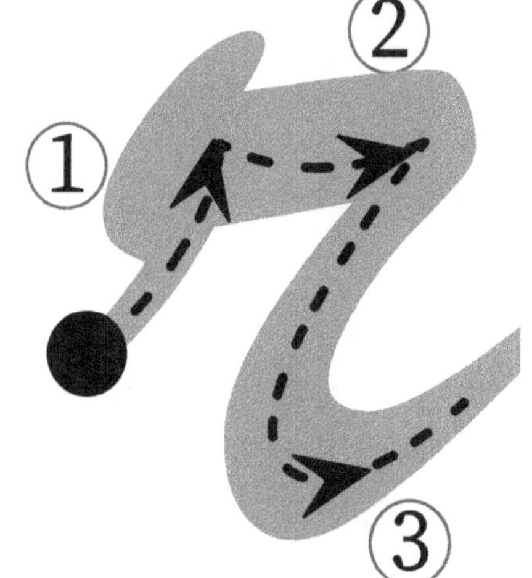
① ② ③

R

R

S-s
1
2
3
①
②
③

S

S

s

T-t

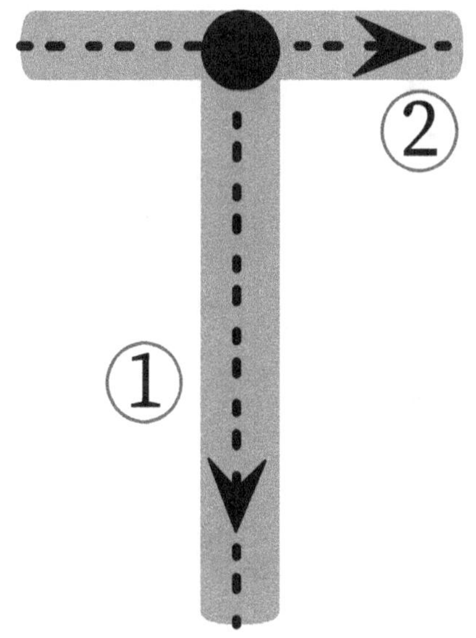

①
②

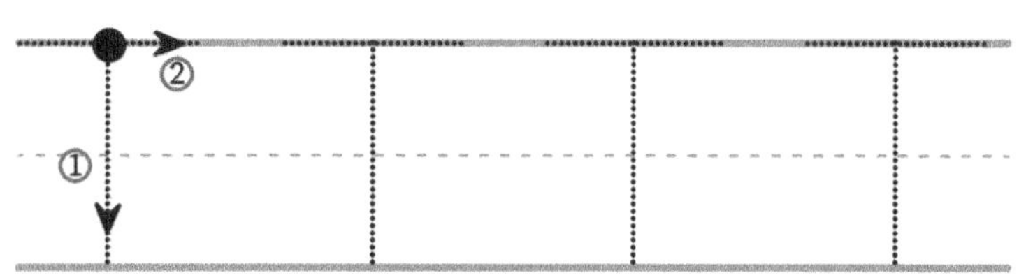

①
②

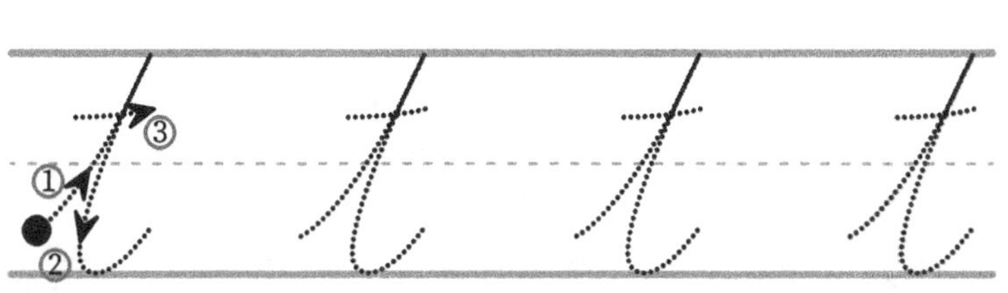

①
②
③

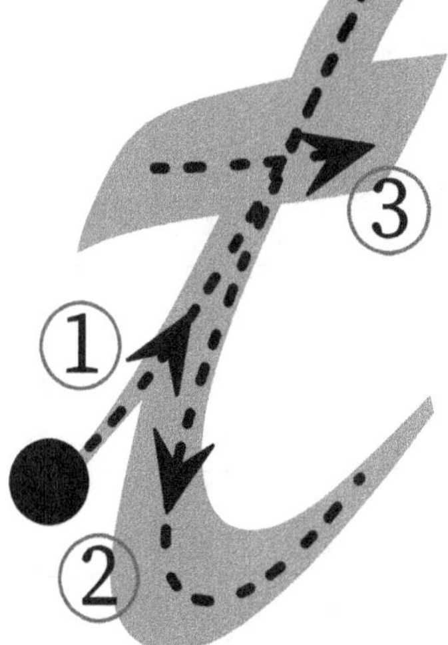

①
②
③

T

T

t

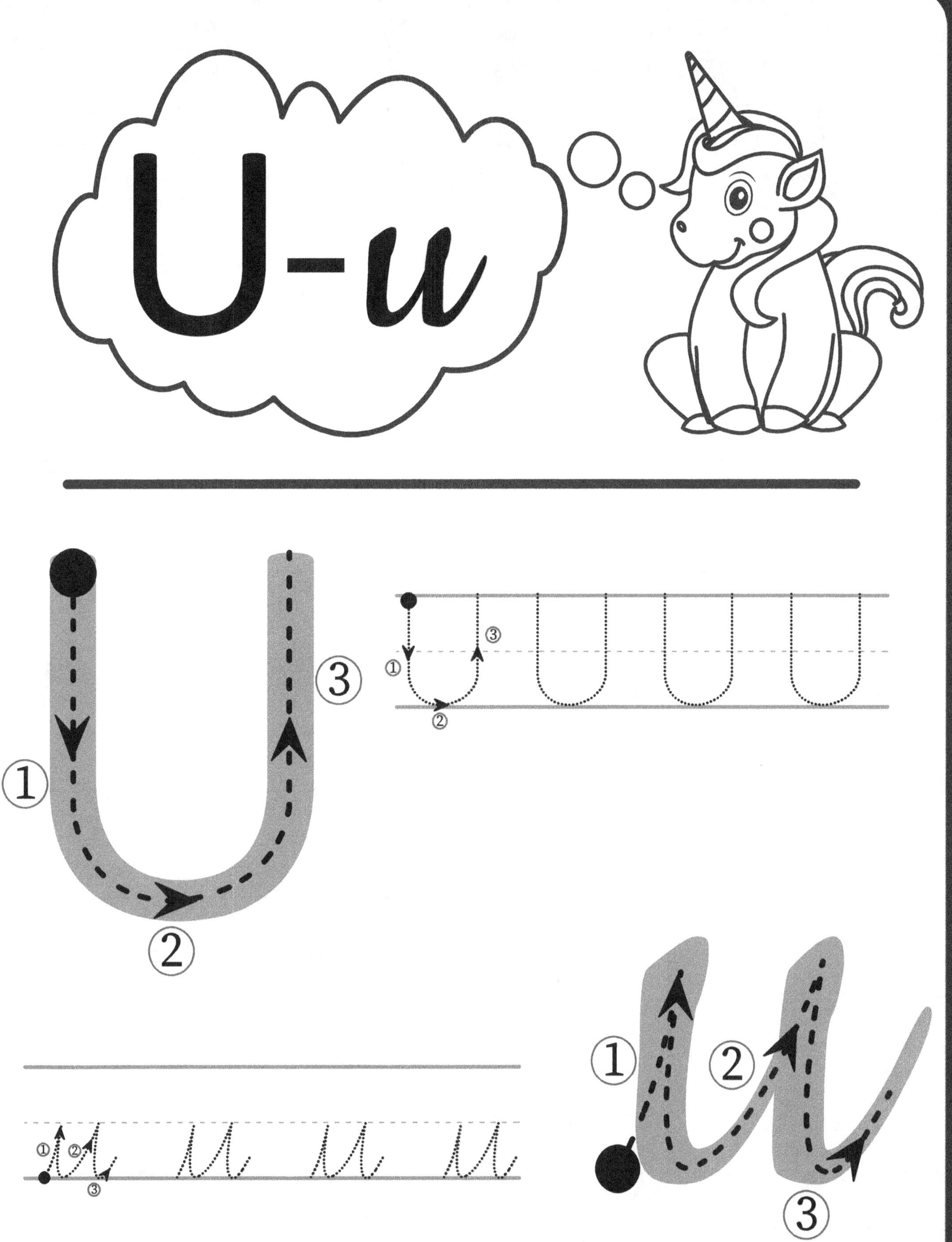

U-u
①
②
③

U

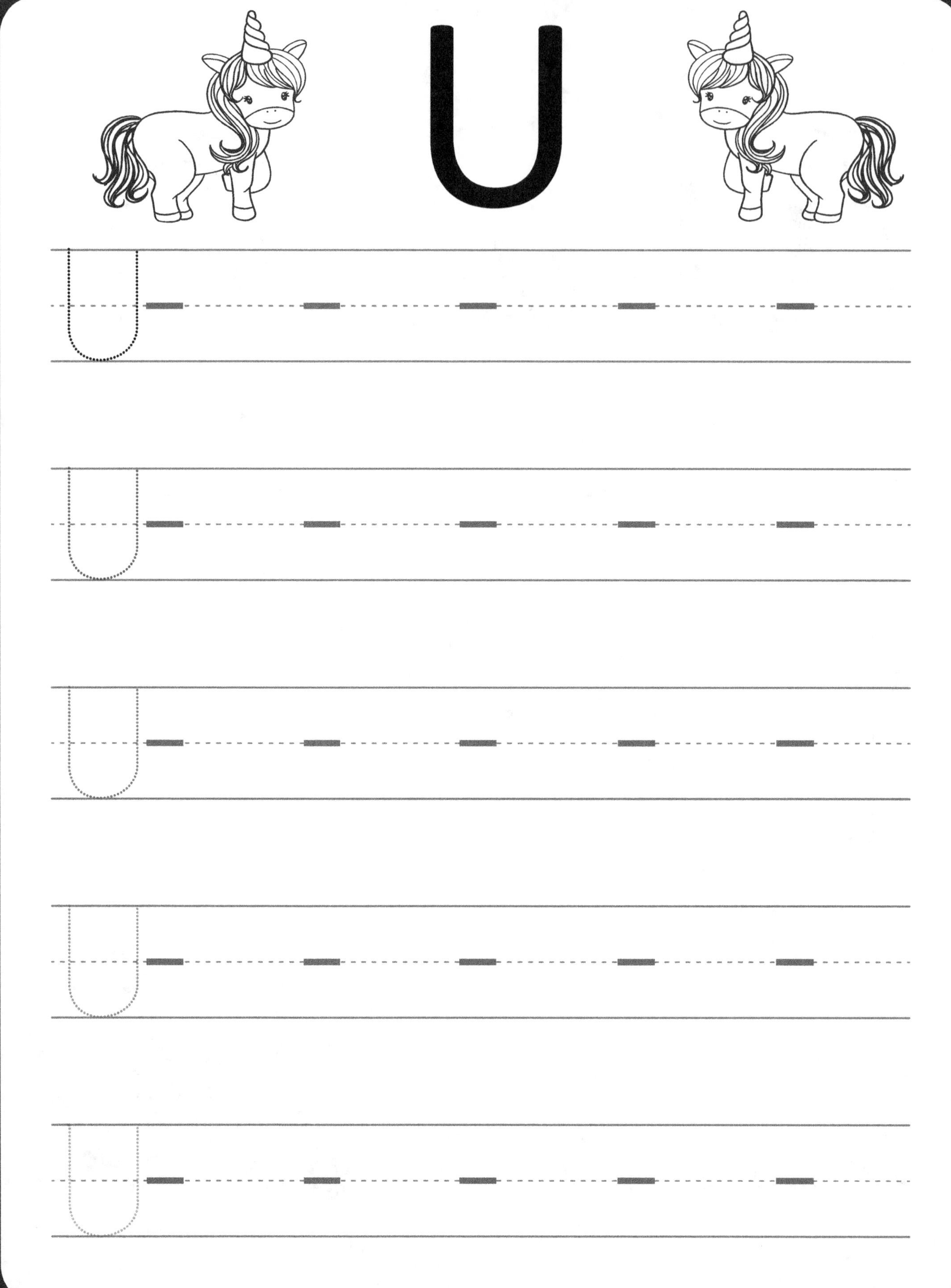

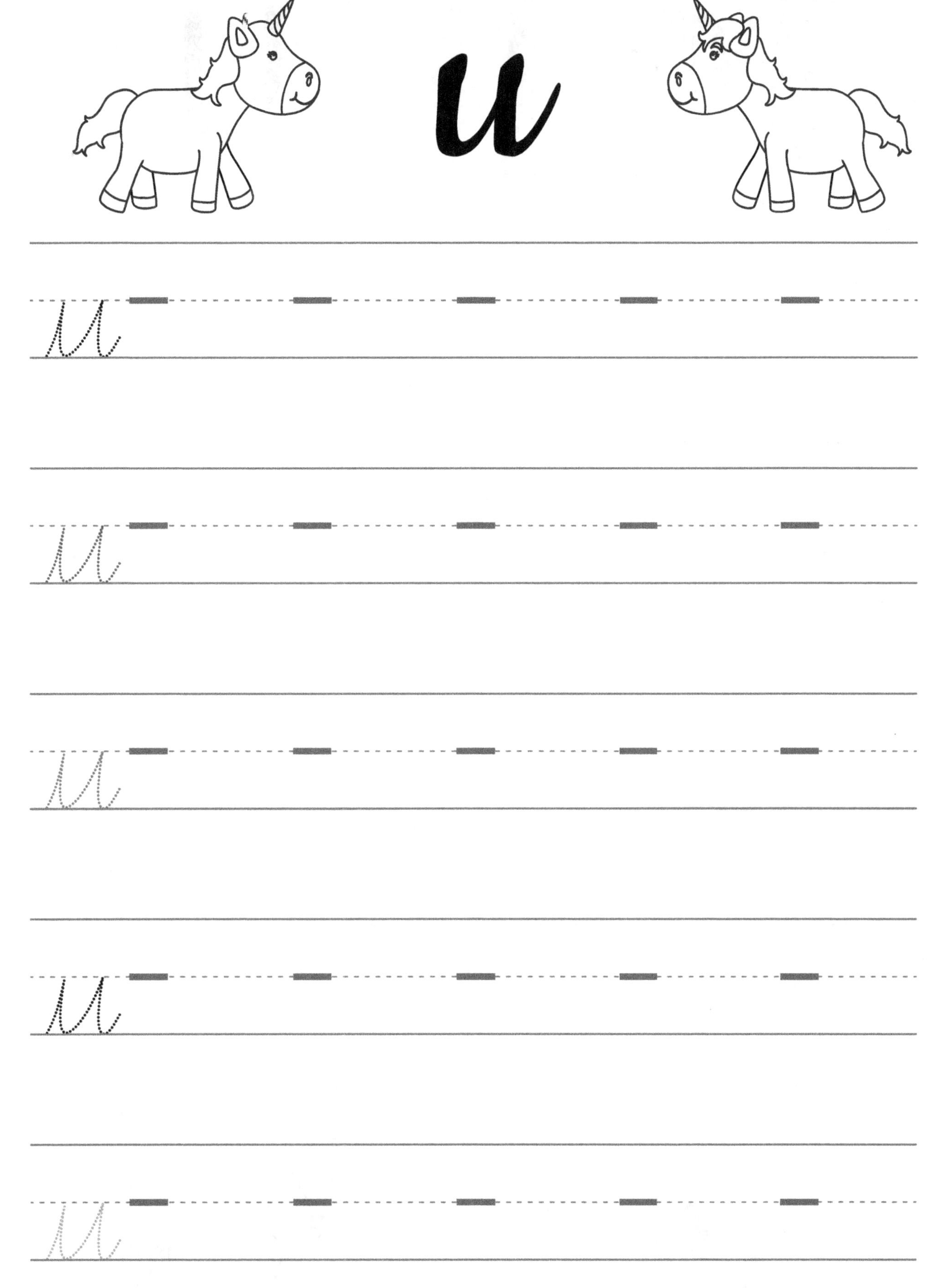

u

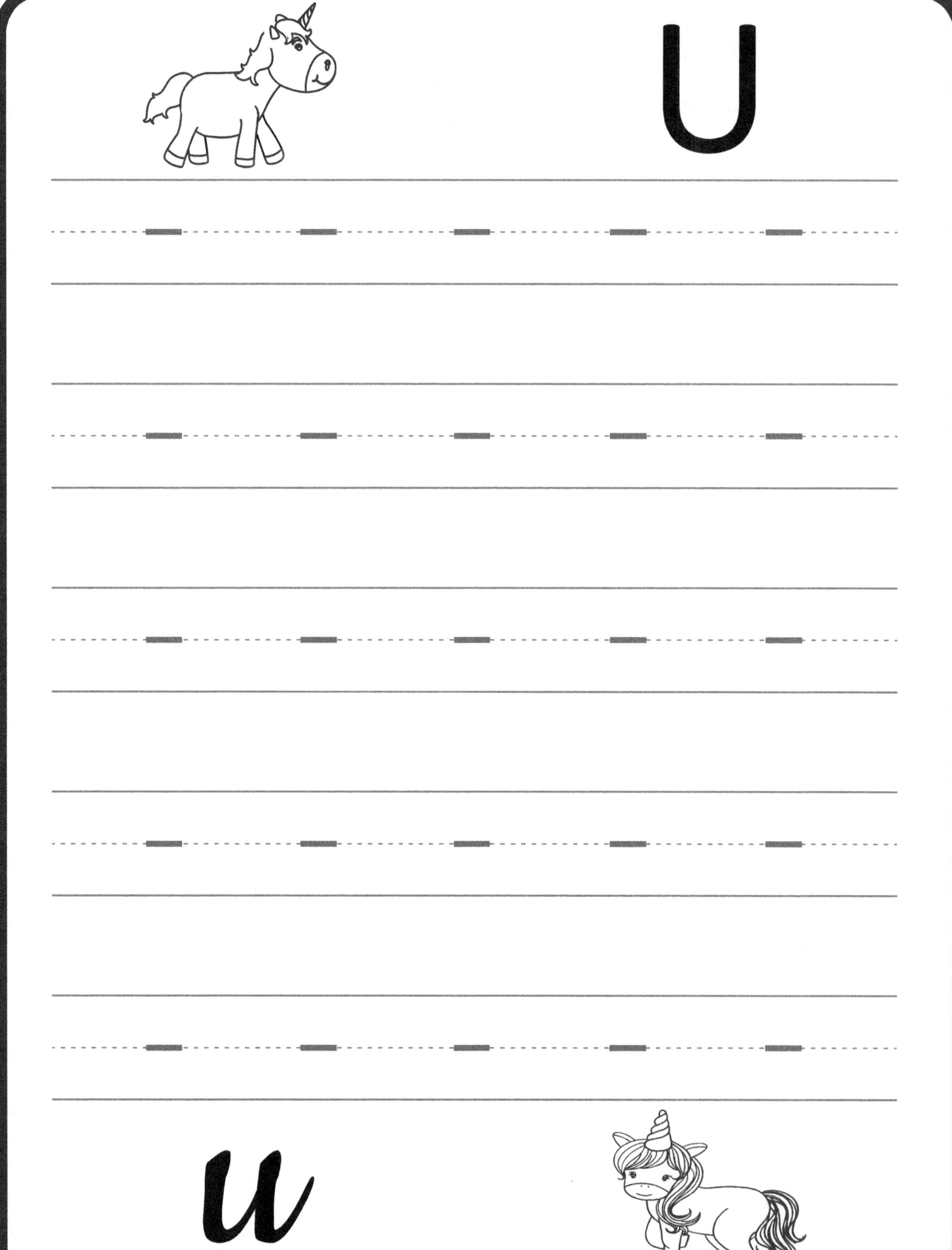

U

u

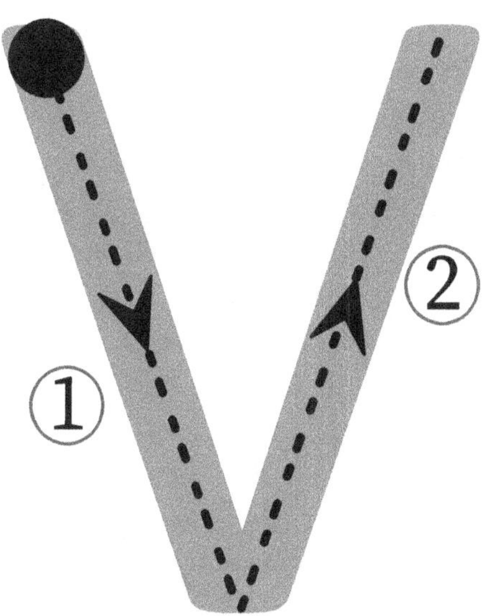

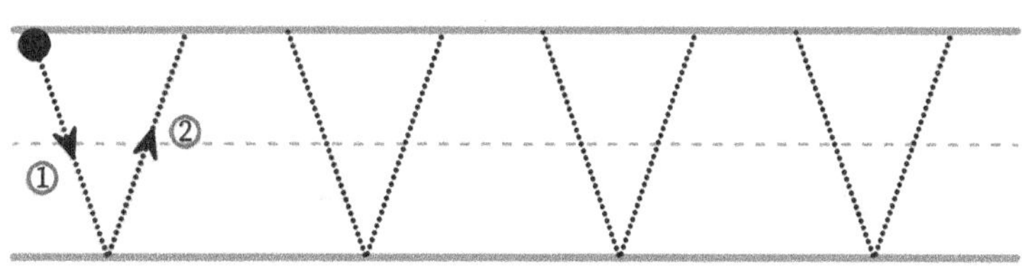

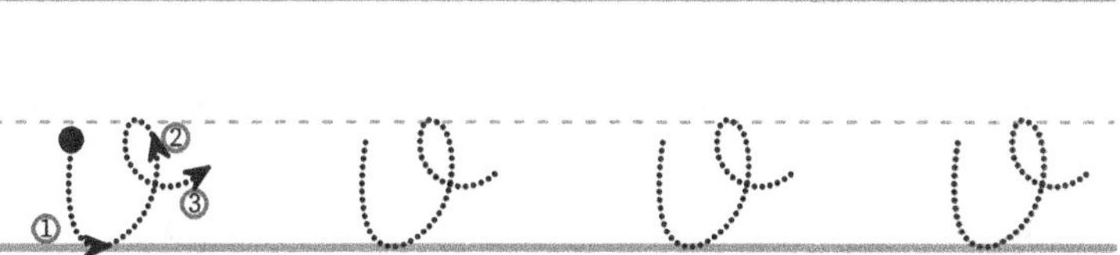

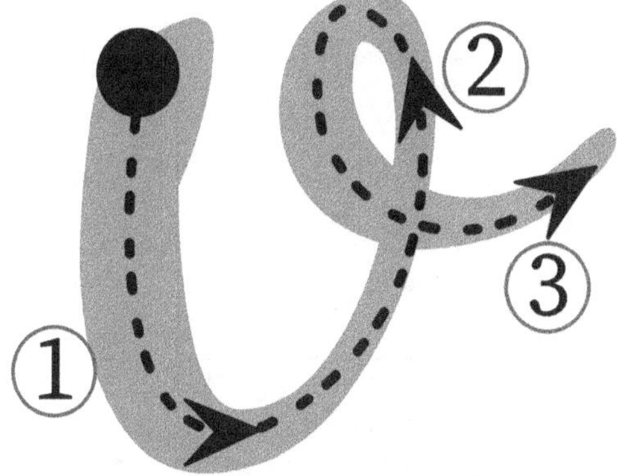

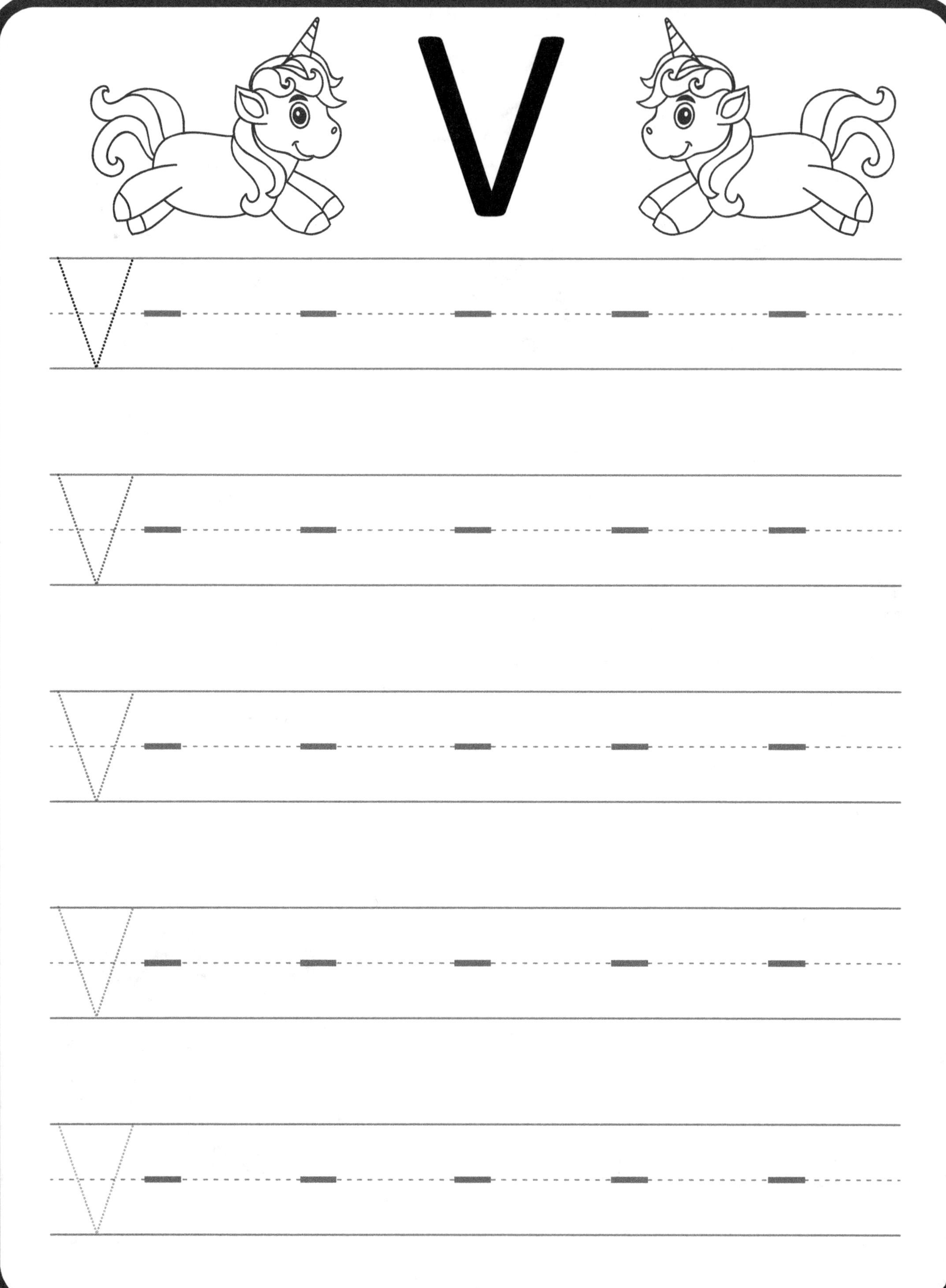

V

v

W-w

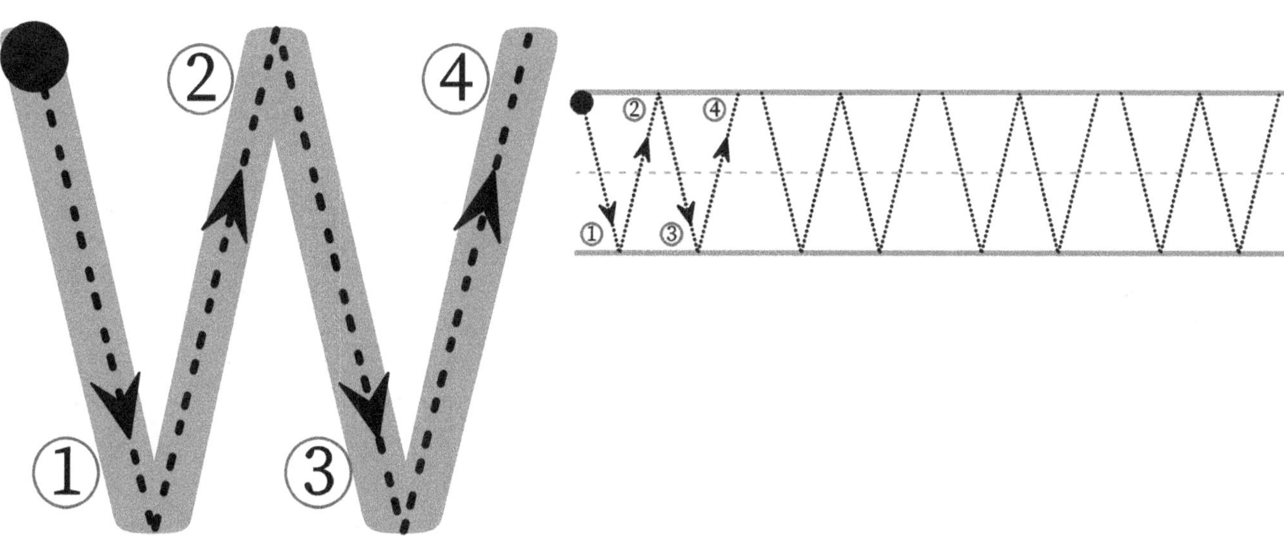

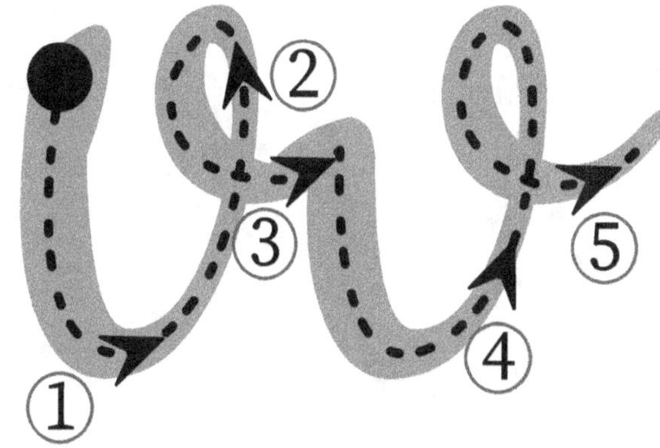

W

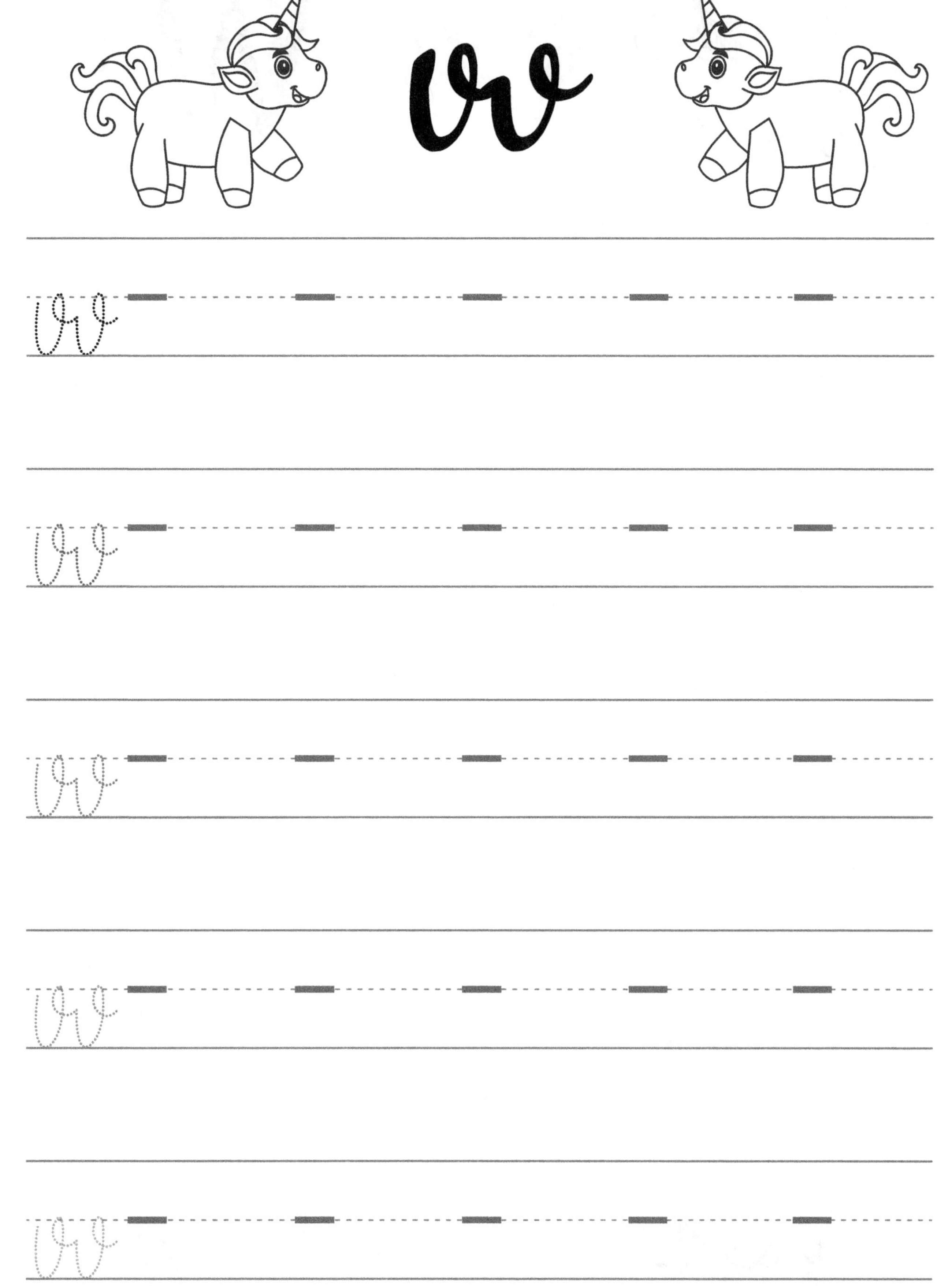

W

X - x

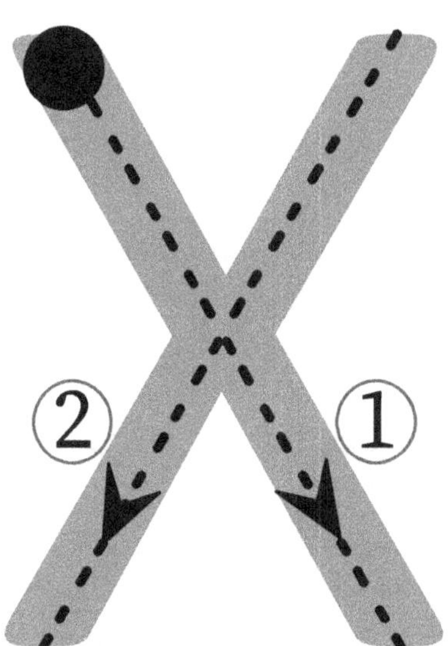

2   1

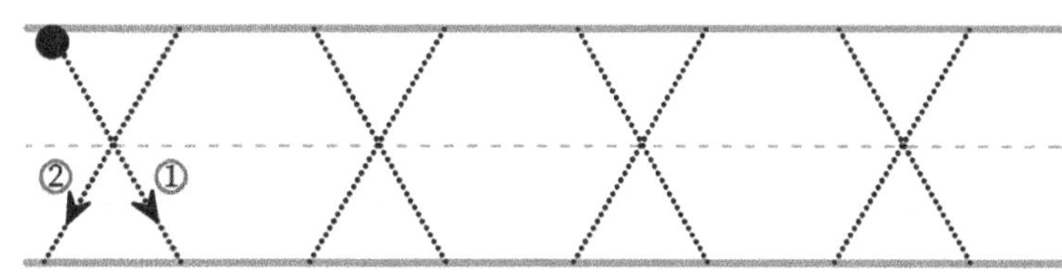

2   1

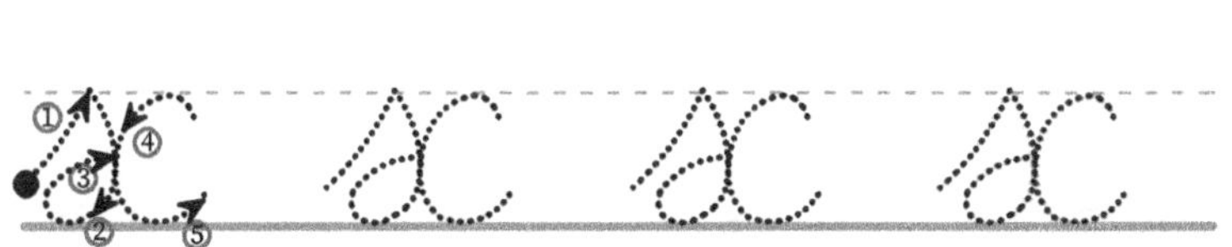

1
4
3
2
5

X

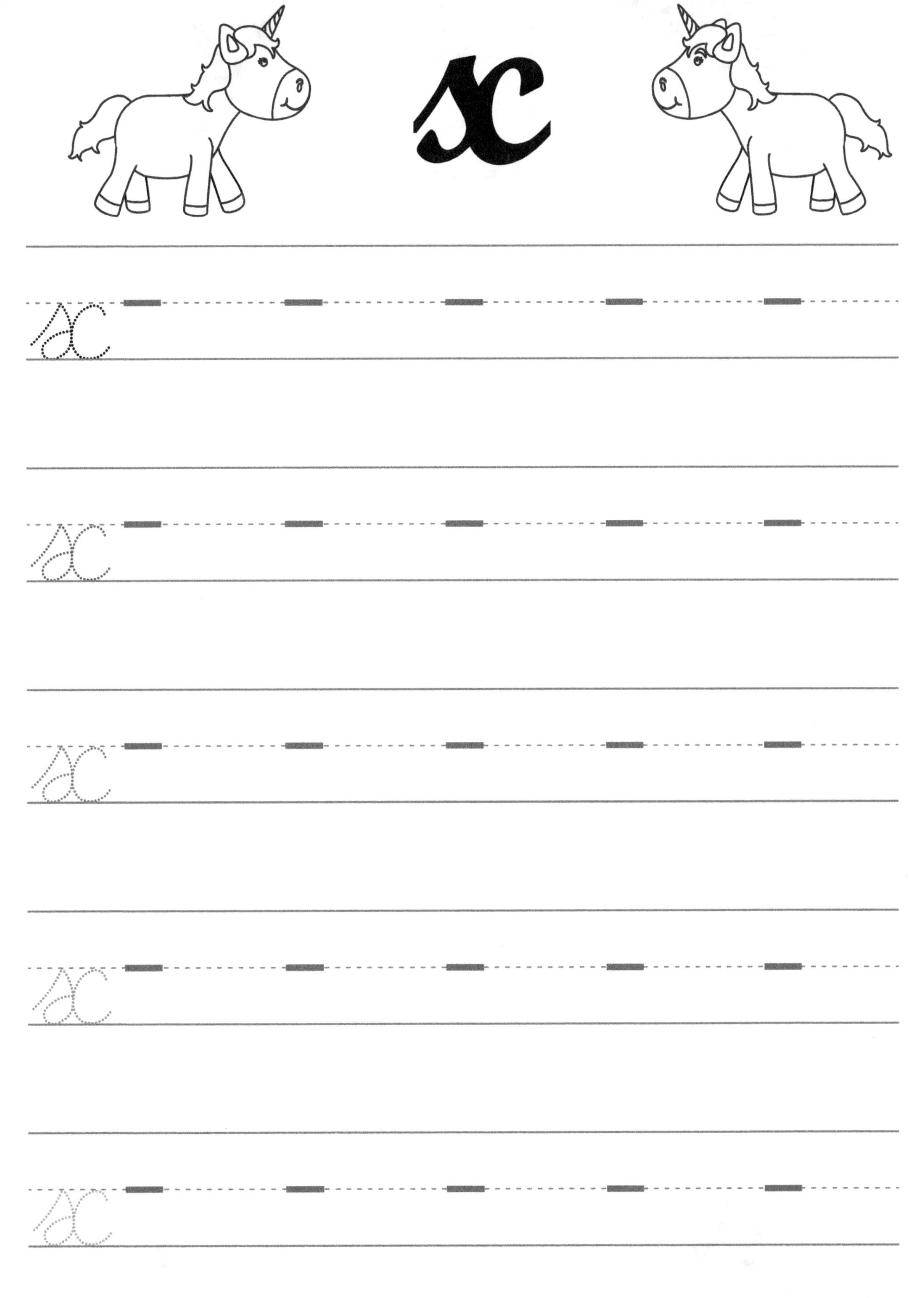

X

Y-y

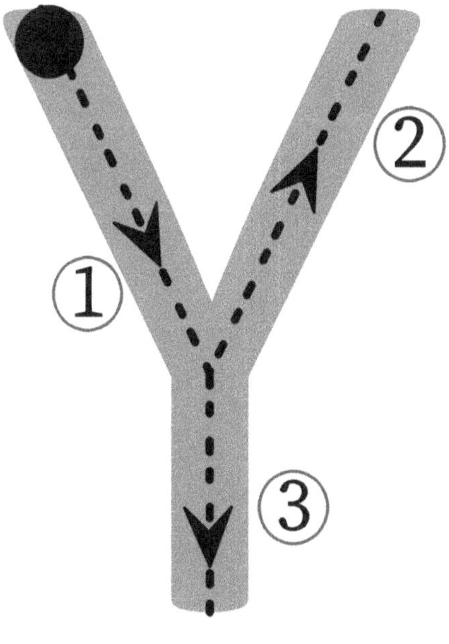

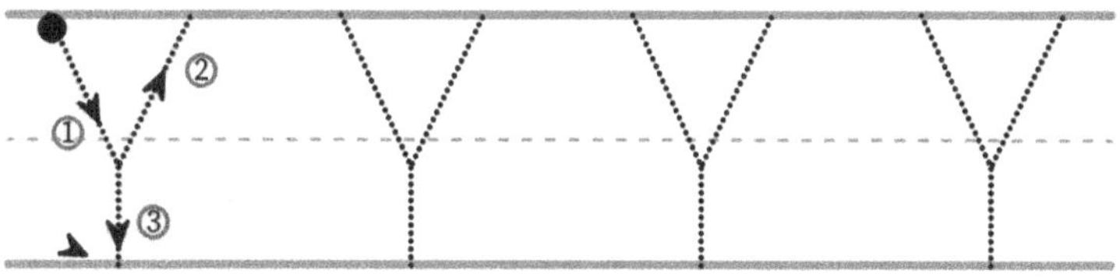

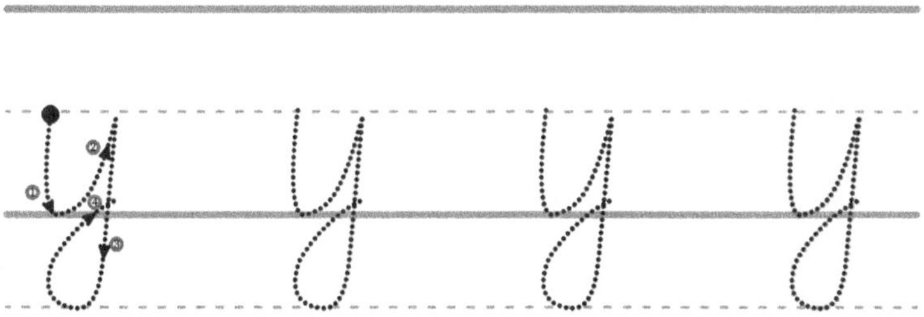

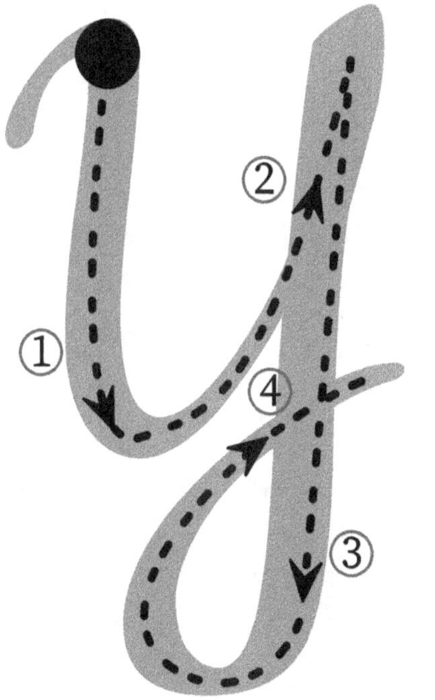

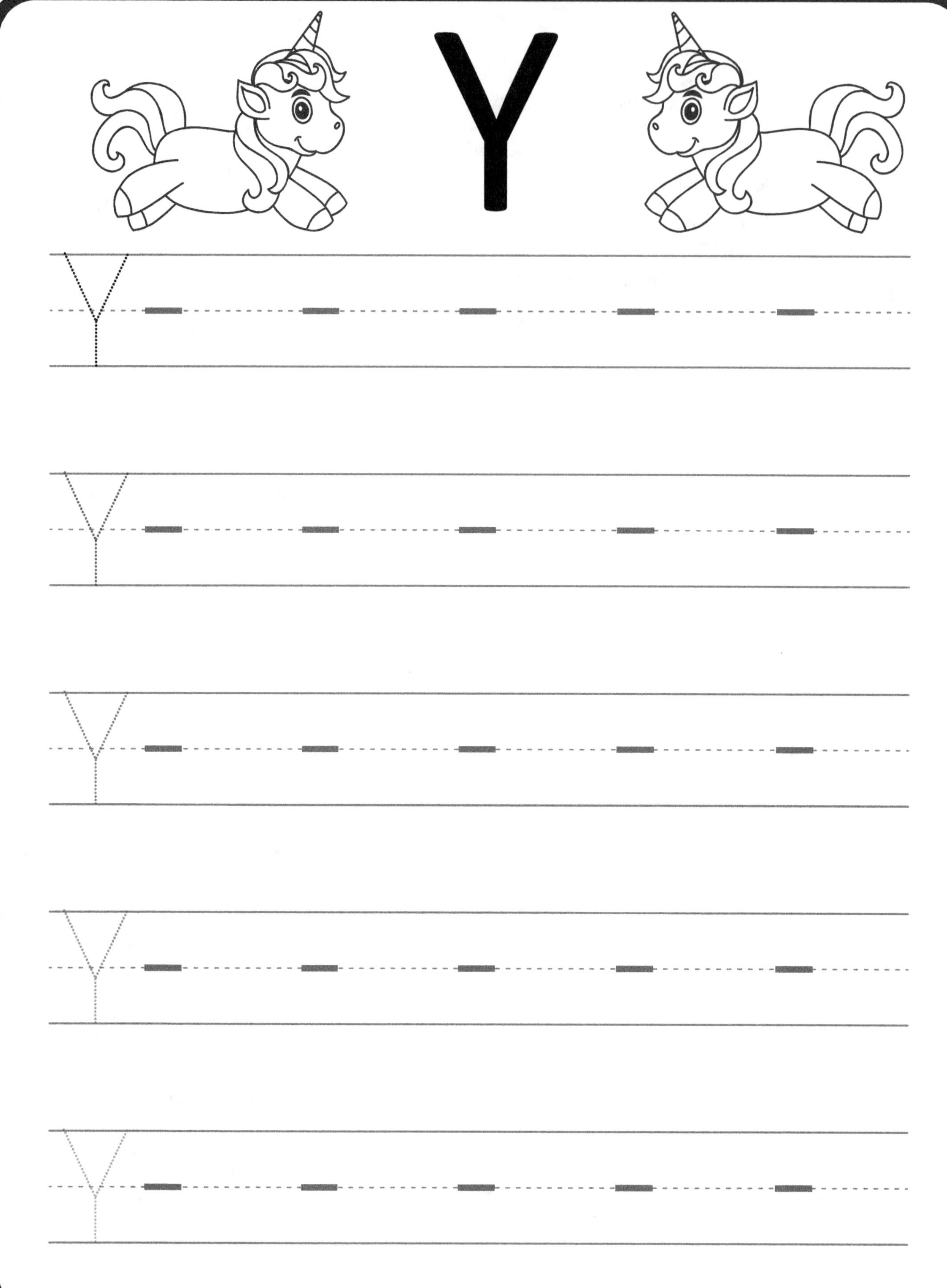
Y

Y
y

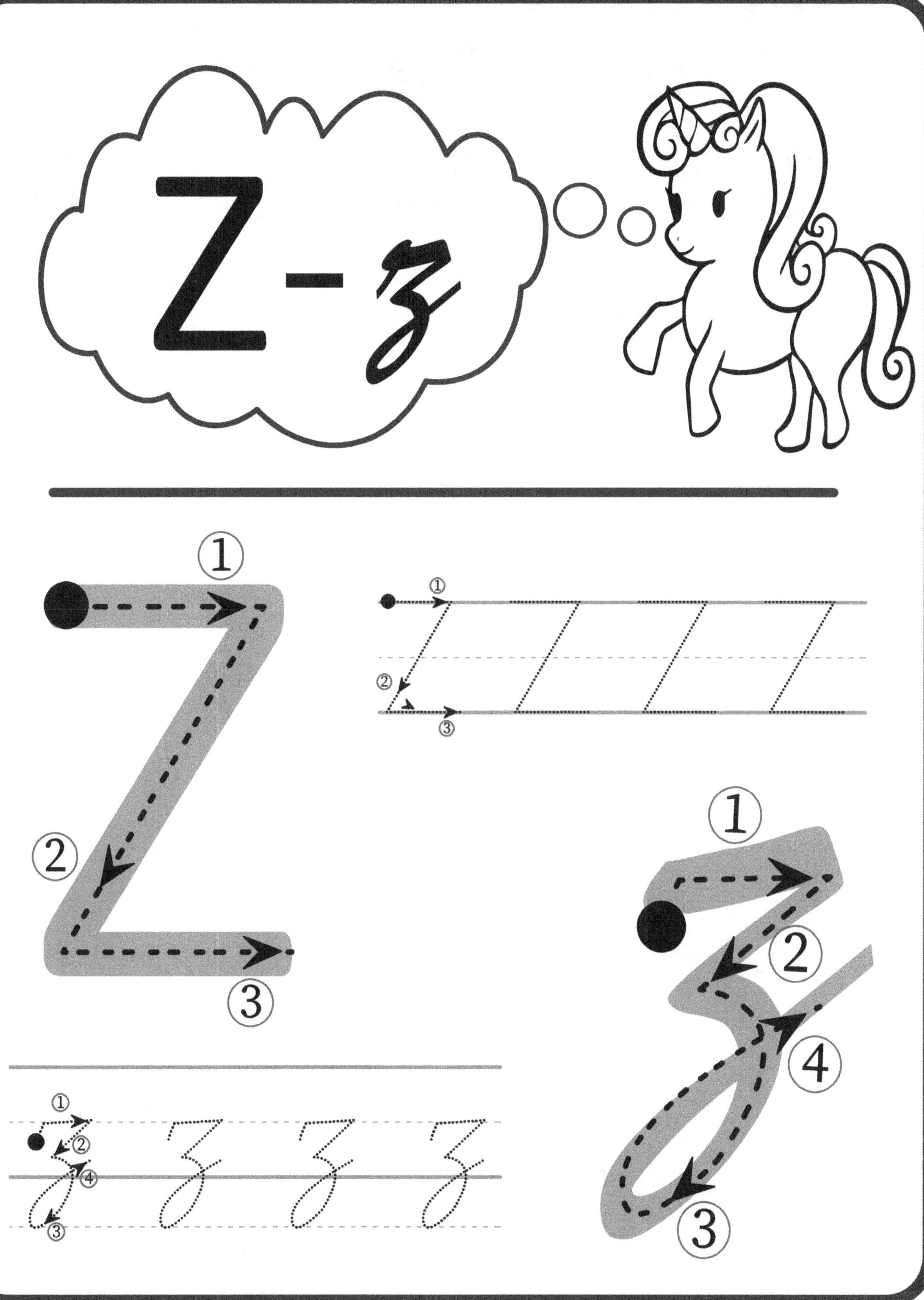

Z - z
①
②
③
①
②
③
①
②
③
④
①
②
③
④

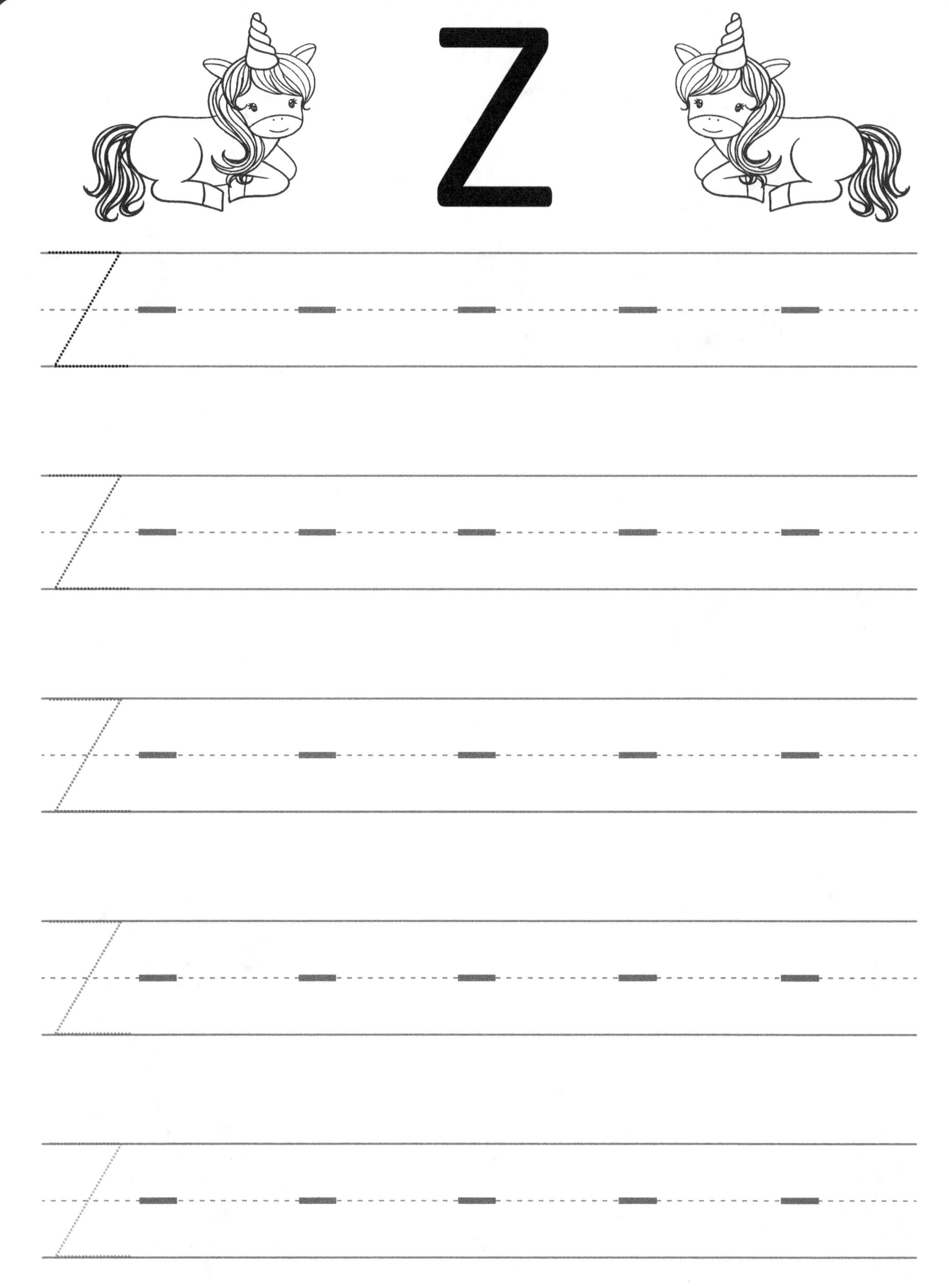

Z

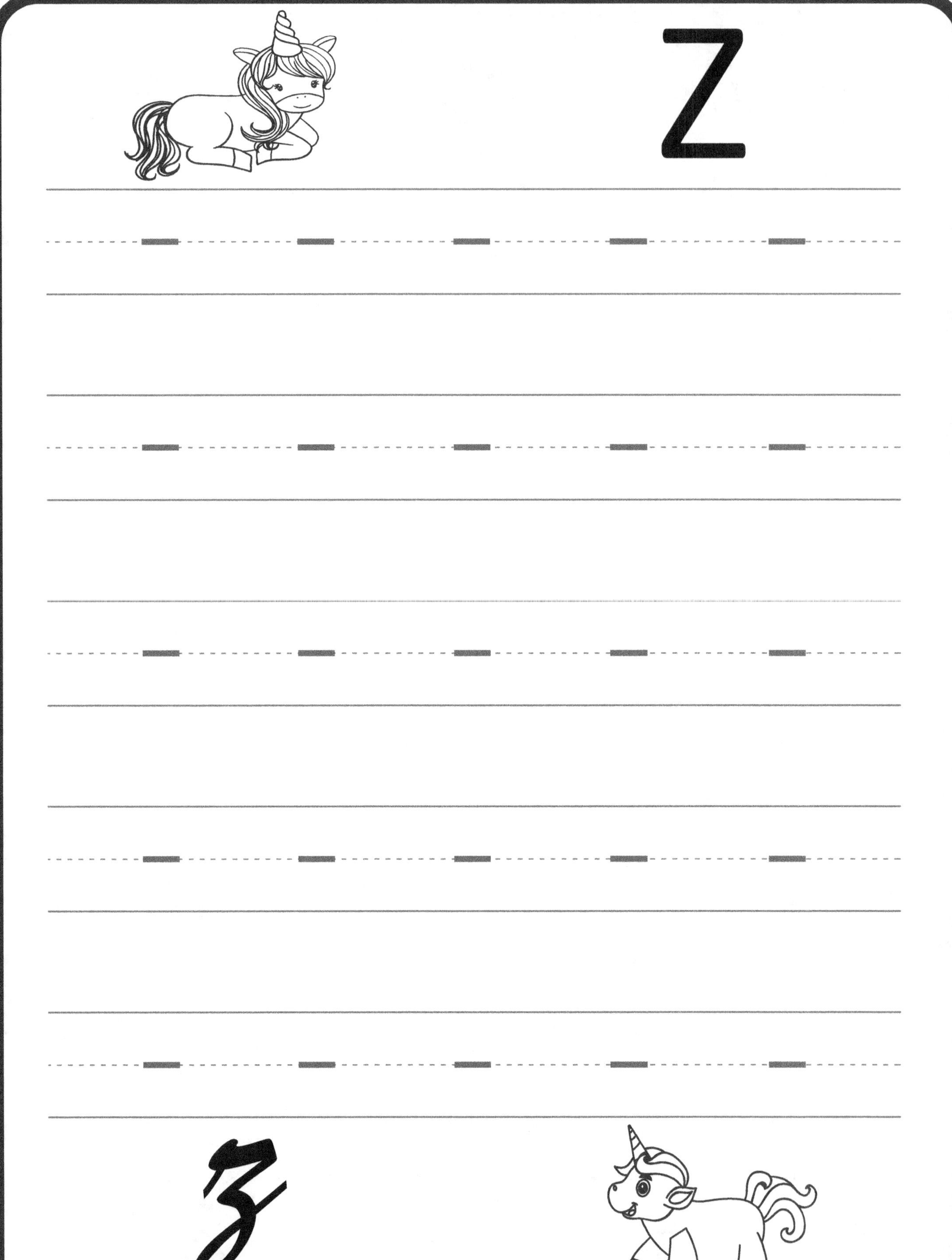